Voir les lilas refleurir…

Maryse Vaillant

Voir les lilas refleurir...

Albin Michel

« Je suis comme le temps breton, certes dans ma vie, il pleut parfois, j'essuie même quelques tempêtes, mais il fait beau plusieurs fois par jour. »

Introduction

Nous nous savons tous mortels. Ce savoir commun, évident, un peu abstrait, constitue une de ces vérités philosophiques, existentielles, dont nous pouvons être les dépositaires sans que cela encombre les moins anxieux d'entre nous. Le souffle de la mort ne nous frôle que lorsque surviennent un deuil, une perte, un accident. C'est souvent lorsqu'elle touche les autres que la mort se rappelle à nous.

Ou lorsqu'on nous diagnostique une maladie grave. Le cancer, lorsqu'il devient métastasique, fait partie de ces épreuves qui nous rapprochent de la connaissance intime de notre fin, sinon prochaine, du moins certaine. Nous ne pouvons ignorer que le compte à rebours final est enclenché. L'horloge intime qui marque le vieillissement et la fuite des années indique maintenant l'approche inéluctable de notre fin.

L'irruption concrète de la mortalité dans la vie semblant donner du prix et du goût à l'existence, les années, les semaines, les journées qui suivent deviennent parfois infiniment précieuses. Nombreux sont alors les souhaits et les injonctions à en profiter avant qu'il ne soit trop tard.

Pour moi, et pour beaucoup de ceux qui ont un cancer à un stade avancé, ou toute autre maladie chronique à pronostic fatal, la question première est avant tout de savoir comment vivre avec ce qui ne guérira pas et qui risque de devenir de plus en plus envahissant. Savoir comment le vivre, le mieux possible, tout en se préparant à en mourir – le mieux possible également.

Autrement dit, il faut réapprendre à vivre, à vivre un peu autrement. Apprivoiser une vie qui se rétrécit, les heures trop longues et les mois trop courts, supporter les examens pénibles, les bilans négatifs et les traitements fatigants, accepter de jouir des plaisirs restreints par la douleur et, surtout, s'efforcer de profiter de chaque bon moment.

Bref, il n'est pas toujours facile de profiter de la vie lorsqu'elle est souffrante. C'est pourtant nécessaire pour se maintenir en vie. Pour vivre une vie de vivant. Une vie de malade certes, mais une vie de malade vivant.

Je veux témoigner ici de ces difficultés et des moyens de les affronter, de les dépasser, parfois, de faire avec, souvent. Sans embellir la réalité ni la noircir, je veux montrer qu'on peut vivre assez bien avec un cancer chronique, des métastases envahissantes, des traitements prolongés, des fatigues constantes. Le vivre le mieux possible, le plus souvent possible, s'y essayer plusieurs fois par jour.

Pour accompagner mon récit, je vais tenter d'analyser les processus psychiques – inconscients et conscients, spontanés et volontaires – qui permettent de survivre, de vivre, d'aimer ce que l'on vit. Je vais également proposer quelques-unes des multiples stratégies qu'il faut sans cesse inventer pour ne pas se laisser couler par le fond.

Mon témoignage n'est qu'un de ceux qui pourraient venir ici parler du combat, des souffrances, des doutes qui accompagnent toute maladie de longue durée, ses traitements, ses épreuves, mais aussi des enchantements que la vie propose, dissimule, et des moyens qui peuvent permettre de s'en saisir. Pour profiter de la vie, plusieurs fois par jour, jusqu'au bout.

I.

Le problème avec les lilas

Pour beaucoup d'entre nous aujourd'hui, vivre, c'est profiter de la vie. Pour certains il s'agit de consommer du loisir ou du plaisir, pour d'autres, de jouir de ce dont ils disposent, voire de créer par eux-mêmes les conditions de leur bien-être.

C'est mon choix depuis longtemps déjà. La vie que je mène me convient, il m'appartient d'en vivre le meilleur sans attendre que le ciel me comble. Je vois dans le bonheur une construction personnelle. La vie ne le donne qu'en vrac, en bribes, en pièces détachées. Il nous appartient de rechercher et d'assembler les éléments qui nous conviennent pour en faire quelque chose.

Or, depuis que la maladie a envahi mon quotidien, rassembler le meilleur de ce que la vie me donne est devenu nettement plus difficile. Je parviens toutefois souvent à être heureuse. Souvent, pas toujours, et pas sans efforts.

N'étant pas d'un naturel contemplatif, je ne sais pas bien m'arrêter pour admirer, pour savourer, pour profiter. J'ai du mal à laisser venir les choses. Comme beaucoup de femmes actives et gourmandes, je ne sais pas rester sans rien faire. Je pense vite, je mange vite. Mon cœur bat même un peu trop vite.

Avant que mon souffle ne soit trop court et mes jambes trop lourdes, la marche, en ville ou en forêt, me permettait de me déconnecter l'esprit et de trouver le bonheur d'exister. En errant sur les trottoirs ou dans les sous-bois, je suis longtemps parvenue à faire le vide en moi, ralentir mes pensées, apaiser mes urgences et surtout apprivoiser la violence de l'angoisse qui m'habitait depuis l'enfance[1].

Pour profiter de ce que ma vie me donne, une activité, légère et peu fatigante, m'a toujours semblé plus propice que l'immobilité. Quand je le peux, j'aime bouger, marcher, déambuler. C'est

1. Voir M. Vaillant, *Mes petites machines à vivre*, JC Lattès, 2011.

ainsi que j'apprécie un décor, une saison, un moment de paix, ainsi que je parviens à me vider la tête et, ce faisant, à résoudre mes problèmes intimes, faire des choix et prendre des décisions importantes. En passant. Je ne sais pas m'arrêter.

Même maintenant que je suis malade et à vrai dire, très ralentie, j'aime bouger. Ou plutôt, j'aimerais bien bouger.

C'est pourquoi j'ai un problème avec les lilas.

C'est ma fleur préférée. Depuis toujours. Je me souviens de l'énorme lilas mauve qui jouxtait la maison de mes grands-parents lorsque j'étais petite et dont l'odeur venait jusqu'à ma chambre. Déjà je m'enivrais de ses grosses grappes parfumées, je baignais dans sa lumière, sa splendeur, sa générosité. Dans mon souvenir, il fleurit toujours, petite lumière chaleureuse illustrant l'un des bonheurs de mon enfance.

En découvrant la maison où j'habite aujourd'hui, j'ai compté sept lilas, blancs, mauve pâle et violet foncé. Un trésor, un indice qui me prévenait que cette vénérable bâtisse ne pouvait qu'être mienne. Les lilas en témoignaient, son jardin m'attendait.

Deux d'entre eux sont visibles de mon bureau, là où j'ai tout de suite imaginé poser mon ordinateur et écrire, là où j'ai conçu et réalisé ensuite tous mes livres, et où je suis installée en ce moment pour écrire ces lignes. L'un d'eux, mauve pâle à grosses fleurs doubles, est même si proche qu'on croirait qu'il veut entrer.

Depuis bientôt douze ans, à toute saison, j'ai sous les yeux mes arbustes préférés. Un peu à gauche de mon champ de vision, à peine visible de mon bureau, sur la pelouse, un très vieil arbre, noueux et penché, donne à ses branches une jolie courbure. Il plonge au ras de l'herbe, offrant comme une tonnelle. Violet foncé, il côtoie un superbe lilas blanc, double lui aussi, qui se dresse vigoureusement comme un flambeau vers le ciel.

Tous les hivers, depuis que les chimios me rendent un peu pénibles les jours plus gris que bleus, les plafonds bas et les routes glissantes, j'attends la floraison des lilas. C'est un point de mire, un horizon de lumière, une sorte de jalon pour compter les mois qui me séparent des beaux jours, un but pour canaliser mon énergie et me donner envie de voir venir le printemps.

Le problème avec les lilas

Plutôt qu'en hiver, je préférerais mourir au printemps, au merveilleux temps des lilas.

Je les attends tout l'hiver. Or le drame survient lorsque enfin ils éclosent et inondent mon jardin de leur splendeur. Je suis émerveillée, mais aussi extrêmement frustrée. Me saisit un mélange d'urgence et d'impuissance. J'ai beau essayer, je ne parviens pas à en profiter comme je le voudrais.

Je fais le tour du jardin pour vérifier qu'ils sont tous en fleur. Je les admire de loin, j'en fais des photos. Je m'en approche, les touche, les renifle. Mais, de loin comme de près, je suis incapable de saisir la totalité de leur beauté sans ressentir au fond de moi comme un vertige. Quelque chose m'échappe.

Ils m'échappent. Ils sont là, et je ne peux les atteindre. On dirait que je leur suis étrangère. Je les touche et ils sont loin. Je les touche, mais ne les atteins pas. Ils me sont offerts, mais je ne peux les posséder, en profiter, m'en saisir.

Je voudrais pénétrer au cœur de leurs grappes, m'immiscer entre leurs feuilles, me fondre dans leur parfum. Être en contact charnellement avec leur beauté et avoir le temps de la savourer, de m'en imprégner, de m'y immerger. La faire mienne.

Hélas, mes lilas se fanent toujours trop vite, bien avant que j'en sois rassasiée, bien avant même que j'aie eu le sentiment de vraiment les approcher et de bien en profiter.

Il me faudrait pouvoir arrêter le temps. Faire une pause temporelle, figer la beauté des lilas pour qu'elle me soit accessible. J'ai le sentiment que seul un arrêt – ou un ralentissement – de l'écoulement du temps me donnerait accès à leur fugace splendeur. Je pourrais alors me mettre en phase avec eux, non seulement côtoyer leur beauté, mais m'en imprégner, m'en emparer, retenir leur floraison et l'empêcher de se flétrir.

Tous les ans, quand ils fanent, je me reproche de n'avoir pas pu les retenir. De n'avoir pas su m'arrêter, de ne pas avoir consacré à mes lilas toute l'attention qu'ils méritaient pendant qu'ils s'offraient à moi. Le temps est passé trop vite. Je suis passée trop vite.

Le temps des lilas est court. Or il s'avère aussi improbable pour moi de parvenir à ralentir mon tempo personnel que d'espérer allonger le temps de leur floraison. Je ne peux faire coïncider ma temporalité avec la leur. Ils sont là tandis que je passe. Ils passent alors que je suis encore là.

Arrêter le temps

Je rêve de poser ma chaise dans le jardin, de rester accoudée à une fenêtre, de m'allonger sous l'arche du lilas mauve. Cela semble simple, mais je n'y parviens pas. Je n'ai pas envie de sortir, je suis fatiguée, il fait trop frais, il bruine. Le printemps n'est pas la saison des langueurs ou des pauses temporelles.

Je suppose que si je savais méditer, je parviendrais à calmer mon rythme intérieur sans devoir déambuler. En ralentissant non seulement mon souffle, mon cœur, mais aussi mes pensées, je pourrais peut-être entrer en phase avec la beauté de mes lilas, me couler dans leur splendeur, la partager de l'intérieur.

Malgré la grande mode des traités qui rendent la méditation accessible à tous, je ne peux rester immobile sans m'endormir. Est-ce la fatigue due à la succession de mes chimios ? En fait, je dois dire que je m'assoupis dès que je suis confortablement installée. Même rester assise ne me convient que pour lire, manger ou écrire. Je ne sais m'asseoir sans rien faire. Il me faut au moins un chat à caresser, un livre à dévorer, la mer à contempler, le feu pour m'absorber ou, toujours, mon ordinateur pour travailler, pour réfléchir. Je ne sais pas bien rester immobile. Même pas pour contempler mes lilas.

Tous les hivers, je me jure qu'au printemps prochain, j'y parviendrai. Je saurai m'approcher de mes lilas, communiquer avec eux, me brancher sur leur beauté, entrer en phase avec elle. Je trouverai le passage temporel qui me permettra de jouir de leur présence dans une véritable immédiateté intemporelle. Je saurai faire coïncider nos temporalités, je saurai capturer le temps.

Tous les ans, quand arrive la floraison, je vais gaillardement vers les arbustes, je plonge mon nez dans les fleurs et retourne à mes occupations. Je leur dis à bientôt, je vais revenir. Mais le temps coule trop vite. Au printemps, les jours passent sans que je m'en aperçoive. La présence de mes lilas me réconforte, leur flamme illumine le jardin, je les contemple de mon bureau alors que je travaille. Je les observe du coin de l'œil, quand je suis dans la cuisine, je les renifle de loin. Je suis tranquille, ils seront encore là demain.

Et les petites fleurs fanent avant que j'aie pu me les approprier. Le temps des lilas passe et me laisse sur le flanc, je suis déçue, je suis frustrée. Le temps de leur floraison est trop court. J'ai laissé passer la fenêtre temporelle de mes fleurs préférées. Le contact est rompu avant que j'aie pu communiquer.

En attendant, j'ai toujours mes chats. Avec eux, le contact ne se rompt jamais.

Contrairement à mes éphémères lilas, les chats ont le chic pour capturer l'instant. Ils savent maintenir ouvertes les fenêtres temporelles qui donnent sur l'infini. Avec eux, en eux, le temps peut s'arrêter, il ne file pas, il fait des pauses, retient sa course. Les chats sont les maîtres du temps.

Ils savent concentrer l'espace et le temps, les domestiquer, les harmoniser. Et nous en faire profiter. Il suffit de partager leur vie pour saisir ces étincelles d'éternité, ou devenir capable d'attraper le meilleur du fil des heures.

Étendu de tout son long, mon petit rouquin joue à retenir le moindre souffle d'air. On dirait un tapis à poil long, doré et touffu. Si je m'approche de lui, il se met à ronronner bien avant que ma main le touche. Il savoure chaque seconde de sa vie et de la mienne et chaque rayon du soleil.

Ce chat est arrivé un jour chez moi à moitié mort, tout pelé, affamé, maigre et malade. Je l'ai nourri, l'ai soigné et depuis il ne me quitte pas. Il est fidèle et stable, collant même. Il s'est installé dans ma vie et y a transporté son art d'arrêter le temps.

Parfois, je perçois son bourdonnement quelque part dans le silence de la maison. Je ne sais exactement où il est mais j'entends bien qu'il dort, avec joie, avec intensité. Avec moi. Il harmonise le temps autour de nous, le ralentit. Me le donne en partage.

Mon autre chat roux, à poil court, possède le même don pour apaiser les turbulences. Ce n'est pourtant pas un calme. Plutôt un chat nerveux, un bavard, un râleur même. Un superbe mâle – castré, c'est le sort de tous mes pensionnaires –, un anxieux, qu'inquiète tout changement dans l'ordonnancement de nos journées, mais qui parvient à donner à son sommeil l'éclat des grandes pâmoisons hystériques ou mystiques.

En ce moment, il dort près de mon ordinateur. De vraies secousses de plaisir le font frémir, il s'étire sans ouvrir les yeux et s'allonge tout en crispant ses petites pattes châtaigne. Son repos est d'une telle intensité qu'il semble attirer vers lui tout le sommeil du monde. Il me fait bâiller. Me repose. Il me suffit de le regarder pour me sentir gagnée par l'envie de faire une petite sieste.

Ce sont des chats heureux. J'ai la chance d'avoir recueilli des princes absolus du bonheur quotidien. Ces animaux-là savent vivre.

Certes, ils sont féroces, sans aucune pitié pour les souris, oiseaux, mulots ou croquettes, ainsi que tout ce qui se met sous leurs dents – que cela provienne de leur assiette ou de la mienne –, mais ils font preuve de la plus grande capacité à profiter de la vie, à savourer le plaisir et surtout à le partager.

Passer par les chats

En les caressant, je m'immisce dans leur bonheur. Je me réjouis de les rendre heureux, surtout ceux que j'ai accueillis, hébergés, soignés et adoptés alors qu'ils étaient tout cassés. Cela me réconforte, flatte mon narcissique désir de faire du bien aux animaux, surtout à ceux auxquels je m'identifie, les chats et les chiens. Encore, plus égoïstement, je me régale de leur satisfaction, je la fais mienne. Je m'en nourris. Rien n'est plus facile, comme ils dispensent à foison leurs trésors, il suffit de se servir.

Car les chats ont le bonheur contagieux. Monte d'eux comme une aura de contentement dont il est impossible de ne pas profiter. Les hormones du plaisir qui en émanent me font frissonner de bien-être. Je parviens sans aucun problème à me couler dans leur fourrure, à m'immerger dans leur plaisir. Ils m'invitent à me faufiler dans les cachettes de paix dont leur temps est riche et m'aident à les rejoindre dans la sérénité.

Les chats et les lilas sont des boules de bonheur, des niches de lumière et de contentement, des passages magiques vers la quiétude et la plénitude, l'oubli de soi et la rencontre de l'infini. Or, contrairement aux lilas qui font miroiter des enchantements que je ne parviens pas à retenir, les chats m'indiquent les passages secrets qui font entrer dans l'éternité. Ils savent capturer le temps et m'invitent à en profiter.

Un jour, j'en suis certaine, en passant par la béatitude d'un de mes chats, je parviendrai à attraper le temps des lilas et à le retenir.

II.

Vivre avec un cancer

Comme tout le monde, quand j'ai appris que j'avais un cancer, j'ai pensé que j'allais mourir, peut-être pas immédiatement, mais certainement. Le mot « tumeur », que je pouvais entendre comme « tu meurs », avait une charge suffisamment forte pour que je range mes armoires, achète quelques culottes neuves, mette à jour mes comptes et fasse mes adieux à mes promenades rêveuses dans les bois.

Annonciateurs de mort, les mots « cancer » et « tumeur » sonnaient comme une sorte de glas. Le diagnostic, qui ressemble à un verdict, n'avait d'autre issue que la mort. J'étais un peu sonnée, mais ni surprise ni révoltée. Le cancer du sein touche de plus en plus de femmes, je faisais partie des femmes atteintes. C'était statistiquement normal.

Cela l'était psychologiquement aussi. Ma vie avait été riche et parfois mouvementée, je portais une lourde histoire familiale, ma lignée maternelle était douloureuse, le cancer du sein, celui de la maternité et de la féminité, semblait presque inévitable. Il m'allait mieux qu'un autre, mieux qu'à une autre.

Et je ne craignais pas la mort. J'avais bien apprivoisé cette compagne, rencontrée bien des fois depuis mon enfance. Il me semblait que je pouvais affronter la fin de ma vie, j'en avais bien profité, je n'avais pas peur. J'étais prête.

Prête à quitter la vie, à quitter le monde, à cesser le combat. C'est ainsi que j'ai accepté l'annonce de mon premier cancer. Avec philosophie, fatalisme, défaitisme peut-être, et même avec un zeste d'apaisement.

Touchée. C'était mon tour, j'étais atteinte. Curieusement, alors que j'aurais pu être atterrée, angoissée ou révoltée, le diagnostic provoqua en moi une sorte de soulagement. Comme une nouvelle, même mauvaise, peut apaiser l'angoisse de l'attente, l'annonce d'un cancer – sévère, à un stade avancé – dissipa en moi bien des angoisses diffuses.

Alors que je n'y avais jamais pensé, que je ne le craignais pas particulièrement, le cancer entrait dans ma vie comme si je l'attendais depuis toujours. Certes, je n'imaginais pas le long parcours des traitements, rémissions, récidives et rechutes qui s'amorçait. Avant d'avoir pour horizon la kyrielle de traitements aux effets plus nocifs les uns que les autres, le cancer signifiait pour moi la mort annoncée. La mort était dite. Je n'avais plus à craindre ses menaces sournoises et son surgissement toujours possible, elle était là. Elle avait un nom. Elle était mienne.

Surgit une promesse de réconfort. La foudre m'avait choisie. La mort était pour moi. Un élan très irrationnel me fit espérer qu'en me choisissant, l'orage préserverait le reste de ma famille.

C'est souvent ainsi, lorsque menace le gros temps : on pense à mettre les siens à l'abri. Sous le choc se réveille la pensée magique, celle qui fait prier l'incroyant pour obtenir la guérison de ceux qu'il aime, celle qui fait proposer des pactes au destin. Pour obtenir ce qui est plus cher à nos yeux que nous-mêmes, nous sommes prêts à tous les partages, tous les compromis, toutes les négociations. Quelle mère n'offrirait sa vie et sa santé pour que guérissent ses enfants ?

Comme tout mouvement sacrificiel, cet espoir est fortement imprégné de toute-puissance. Ainsi m'était-il plus facile d'accepter un pronostic mortel si je pouvais le monnayer, l'échanger. Ce marchandage est fréquent dans l'amorce d'un processus de deuil, lorsqu'on sent la partie perdue, qu'on n'a plus beaucoup de cartes et qu'on voudrait qu'elles soient bonnes, fortes, définitives.

Devenue monnaie d'échange, la mort acquiert une valeur inestimable et perd une partie de son inutilité. On voudrait que notre mort serve, que quitter la vie ne soit pas uniquement du gâchis et de la perte.

Mais la vie et la mort n'obéissent pas à nos fantasmes et ne tiennent aucun compte de nos sursauts d'omnipotence. Notre mort ne nous appartient pas. Inutile de croire pouvoir la négocier, elle ne nous sert qu'à quitter la vie.

Tu vis et tu te soignes

J'avais beau avoir accepté que la mort me prenne et prié pour que le malheur épargne les miens, la médecine en avait décidé autrement. L'heure n'était pas au départ. Malgré sa sévérité et son étendue, mon cancer était soignable. Guérissable même. À moi de faire en sorte qu'il soit soigné, qu'il guérisse.

Et là, aucune pensée magique, aucune opération du Saint-Esprit, il s'agissait moins de négocier avec le ciel le prix de ma mort que de me plier au protocole des traitements, moins de quitter la vie que de subir les effets secondaires de ce qui me maintiendrait en vie et, je ne le savais pas encore, me la rendrait difficile à vivre.

Il me fallait me battre, m'accrocher. L'heure n'étant pas aux adieux, il n'était pas question de se préparer à une fin digne et sereine. Le tableau n'avait pas l'allure grandiose de la mort annoncée, des adieux préparés. Il ne s'agissait plus de faire mon testament et de penser à mes funérailles, d'imaginer la vie des autres alors que j'en serai absente.

Pas encore. Il fallait lutter contre la maladie. Le protocole des soins – opérations, chimiothérapie, radiothérapie, hormonothérapie – m'a fait comprendre qu'une nouvelle vie débutait. Une année bien singulière commençait[1].

Ce ne fut pas trop difficile. Il suffisait de faire ce que l'on m'indiquait. Tous les espoirs étaient permis. Passant par la rémission se profilait l'éventualité d'une guérison. On ne meurt plus systématiquement du cancer du sein, même étendu aux deux seins, avec tous les ganglions atteints. Il suffit de se soigner et d'aller de l'avant. Ce que je fis.

Et la rémission promise arriva. La première année se termina. J'étais sauvée.

Certes, j'avais un peu vieilli, un peu grossi. Il me fallait ménager mon bras gauche et prendre un traitement antihormonal ravageant, mais la vie reprenait son cours. Il me suffisait de m'habituer à ma nouvelle silhouette – je n'ai pas envisagé sérieusement la reconstruction –, à la réduction de mon espace – les grandes randonnées n'étaient

1. Voir M. Vaillant, *Une année singulière*, Albin Michel, 2008.

plus au programme –, aux bouffées de chaleur éprouvantes, à la fatigue – qui s'installe plus facilement qu'elle ne part –, ainsi qu'aux douleurs articulaires qui semblaient ne pas vouloir me quitter et me rendaient le moindre déplacement, si ce n'est vraiment douloureux, du moins pénible.

Mais le pire était passé, du moins le croyais-je. Certes, j'avais changé, je faisais partie de ces nombreuses femmes qui ont été soignées pour un cancer du sein et qui rangent cette expérience dans leur malle à souvenirs. Je n'en avais pas fait une tragédie, les choses tournaient plutôt bien.

La mort m'avait fait signe, m'avait invitée à faire partie de ses convives, mais ne m'avait pas encore fixé de réel rendez-vous. Certes, elle m'avait rappelé que j'étais mortelle, mais je demeurais bien vivante. La vie s'étendait devant moi, ne me restait qu'à la vivre.

Métastases un jour, métastases toujours

J'avais rapidement apprivoisé l'idée de tumeur – je savais qu'on n'en meurt pas toujours ; d'ailleurs les miennes avaient toutes été enlevées, avec l'intégralité de mon sein gauche et tous ses ganglions, ainsi qu'une grande partie de mon sein droit. J'étais blessée, couturée, abîmée, mais guérie.

Grâce au dépistage et aux traitements, j'avais échappé à la mort. Celle-ci se trouvait reportée à plus tard, pourquoi pas à l'issue de nombreuses années de vieillesse ?

J'étais donc en paix avec les mots qui font peur et annoncent la fin. En revanche autour du mot « métastase » flottait l'aura cadavérique dont le cancer était maintenant débarrassé. Me trottait dans la tête l'antienne « métastases un jour, métastases toujours » et l'idée que ces nouvelles tumeurs-là, lorsqu'elles surgissaient, menaient directement à la généralisation du cancer et à la phase terminale.

Lors d'une dédicace dans une petite librairie près de chez moi, je me souviens d'avoir rencontré une très jolie jeune femme, élégante et souriante, qui m'avait parlé de ses métastases au foie, et de m'être demandé comment elle pouvait être aussi pimpante alors que le cancer lui grignotait les entrailles.

En fait, j'avais intégré l'idée qu'on pouvait

vivre après l'ablation du cancer, supporter les traitements pour éviter la rechute, autrement dit vivre avec un cancer mort, mais pas que l'on pouvait avoir à vivre avec un cancer vivant.

Et puis se sont annoncées les premières tumeurs métastasiques. Au poumon. Je n'eus pas de mal à réaliser que même si le cancer récidivait, ma vie continuait. En fait, ma guérison était bien une rémission. Le cancer ne m'avait pas quittée, il était en moi, bien niché au cœur de mes cellules, dans mon sang, dans ma lymphe. C'était mon hôte, un cancer bien vivant.

J'ai vite su qu'il ne guérirait pas, mais qu'on pouvait continuer de me soigner.

Pour ralentir sa virulence, il me fallut reprendre une chimio. J'y allai gaillardement. Mes cheveux tombèrent à nouveau. Les premières tumeurs métastasiques diminuèrent. Mes cheveux repoussèrent.

Je n'eus pas le temps de croire le combat terminé que d'autres lésions apparurent. Je changeai de chimio. Par voie orale cette fois-ci. Des cachets à prendre à la maison. Ce fut un vrai soulagement, les chimios en perfusion à l'hôpital me cassaient le moral, je souffrais de revoir des patients rencontrés autrefois que je trouvais très diminués. Ils devaient en penser autant de moi. Ce n'était pas réjouissant.

D'examen en examen, de scanner en scintigraphie, de biopsie en résultats d'anapathologie, on découvrit d'autres métastases. Aux lésions dans le lobe droit s'est ajouté un cancer infiltrant sur l'artère pulmonaire, une lymphangite carcinomateuse et maintenant des métastases osseuses sur le rachis et les côtes.

De métastases en métastases, je ne crains plus les mots. En fait, à part les douleurs qu'il pourrait m'occasionner et dont j'ai la chance d'être encore épargnée, je ne crains pas mon cancer. Il fait partie de moi. Il m'empêche de respirer, de marcher sans bouteille d'oxygène, il m'occasionne d'invraisemblables fatigues, mais il ne m'empêche pas de vivre.

Je n'ai plus peur des mots. Je sais qu'il me faut vivre avec une maladie chronique à pronostic létal. Une maladie dont je mourrai peut-être, dont je mourrai sûrement, si rien d'autre ne me tue auparavant. Mais une maladie qui se soigne encore. Non pour la faire disparaître, ni même vraiment pour la ralentir. Mais pour vivre avec.

Je n'espère plus guérir. Je me sais condamnée. Condamnée à toujours me faire soigner si je veux rester vivante. Condamnée à devoir penser autrement mon rapport à la maladie et à la vie si je veux rester lucide. Condamnée à penser à la mort si je veux rester moi-même.

La réalité des tumeurs métastasiques est venue se substituer à leur dimension imaginaire, me rendant leur compagnie beaucoup moins effrayante. Comment avoir peur d'une partie de son corps ? Les métastases sont en moi, je surveille leur progression, je me suis réjouie de voir la chimio les faire régresser, j'ai accepté d'en voir apparaître de nouvelles.

Je m'accroche aux bonnes nouvelles. Je m'entraîne à trouver dans chaque évolution des côtés positifs. Ainsi ai-je de la chance d'avoir des métastases osseuses qui consolident mes vertèbres au lieu de les fragiliser. J'évite ainsi de nouvelles séances de rayons. Ainsi me suis-je réjouie des chimios à domicile qui m'évitaient de retourner à l'hôpital et ne suis-je pas fâchée de la reprise des chimios à l'hôpital qui m'évite les cachets biquotidiens et l'état de nausée permanent. Je ne crains pas non plus de voir réapparaître mon crâne totalement chauve et de devoir remettre les jolis bonnets tricotés par ma voisine, tant je trouve tristounet d'avoir des cheveux maigres, plats et ternes. Ils vont tous tomber pour une troisième fois et ils repousseront, doux et drus comme un duvet.

Ce qui est rassurant, c'est que de nombreux traitements sont prêts pour m'accompagner. En effet, la chance avec le cancer du sein – même niché dans les poumons, sur les artères, dans la lymphe et dans les os –, c'est que le traitent de nombreuses chimios, où qu'il aille se nicher. Il suffit d'accepter leurs effets...

S'il m'est facile de me réjouir, c'est que j'ai encore de la chance. Au moment où j'écris ces lignes, mon cancer se soigne encore à la maison, il me permet de rester chez moi, avec mon compagnon, mon jardin, mes livres. Dans ma vie. Je peux encore recevoir mes petits-enfants, jouer avec le chien, caresser les chats et surtout continuer à écrire, avoir des manuscrits en cours et des livres qui sortent en librairie.

Je vis – au ralenti parfois – la vie ordinaire, ou presque, d'une femme de mon âge. Certes, j'ai l'air un peu plus âgée, je suis un peu plus abîmée que les sexagénaires pimpantes qui sont restées mes amies, mais je vis encore assez bien, puisque, à part le cancer, je vis la vie que j'ai choisie.

Tout chronique qu'il soit, donc par définition inguérissable, ce cancer longue durée qui n'en finit pas d'envahir ma vie et de la moduler, parvient encore à m'épargner le pire. Les douleurs, celles qui clouent au lit, celles qui vident l'âme.

En effet, je ne souffre pas. Pour l'instant, je suis fatiguée, essoufflée et nauséeuse, mais je ne souffre pas. Il m'est donc facile de jouer à débusquer les aspects positifs cachés derrière l'avancée de ma maladie. Je peux donc encore me réjouir, apprécier l'existence. Ainsi, je parviens encore à ne pas me ratatiner sur mon malheur et lui laisser trop de place.

Je ne garantis pas d'avoir autant de force de caractère lorsque la souffrance aura raison de mon optimisme et de ma volonté. Mais, pour l'instant, l'heure n'est pas plus à l'agonie qu'à la douleur. Elle est à la vie essoufflée des malades, aux soins, aux traitements et au bricolage personnel qui permet de supporter leurs effets secondaires.

Car rester bien vivante avec un cancer bien vivant, cela demande beaucoup d'énergie, certes, mais cela apporte encore suffisamment de plaisirs pour mériter que l'on s'en donne la peine.

Mauvais traitements ?

En fait, si le cancer qui habite mes poumons est responsable de mes essoufflements et celui qui s'est niché dans mes vertèbres de ma raideur, de mon tassement et de quelques élancements, pour le reste de mes bobos quotidiens, seuls les traitements sont en cause. On devrait d'ailleurs parler de « mauvais traitements ».

Il faut vivre les heures où la nausée terrasse, supporter les douleurs articulaires qui gênent la marche, les paumes de mains qui desquament, les cheveux qui tombent, les bouffées de chaleur qui font vaciller, les somnolences, les vertiges... Et l'invraisemblable fatigue qui ralentit les gestes et plombe parfois jusqu'au fin fond de la pensée.

J'en suis aujourd'hui à ma sixième chimio. J'en étais à la quatrième quand j'ai commencé ce récit. Il m'est impossible de savoir où j'en serai lorsque le livre sera publié et qu'il sera entre vos mains. Je pourrais écrire un livre consacré aux divers effets secondaires énoncés dans les notices des médicaments et décrire les divers maux d'estomac, nausées, coliques, constipations, diarrhées, reflux, toux, étouffements, vertiges, crampes, fatigues, fourmillements, raideurs, soifs, courbatures, fièvres, migraines et autres céphalées.

Les effets qu'on dit secondaires prennent une telle place dans la vie qu'on ne vit plus qu'à travers ce qu'ils nous font subir et ce qu'ils nous laissent faire. Telle chimio attaque les globules blancs, il faut éviter de s'enrhumer ; telle autre donne des fourmillements insupportables, telle autre brûle la paume des mains et la plante des pieds, toutes assèchent la peau et fragilisent les muqueuses. Celles qui ne nous rendent pas chauves appauvrissent nos cheveux qui deviennent si fins et mous qu'on en regrette presque les cures qui provoquent des alopécies complètes et offrent ensuite une si jolie repousse…

Bref, de nombreux cancers se vivent principalement à travers les effets pervers du traitement qui les empêche de progresser librement. Pour chacun de nous, il devient alors urgent de trouver des parades, ce que j'appelle des contrepoisons. Plantes pour soutenir le foie, pour huiler les articulations, crèmes pour hydrater la peau, gélules et vitamines pour renforcer les défenses, pilules, fleurs de Bach ou huiles essentielles pour dormir, cachets, gouttes ou jus divers pour digérer…

Survivre à un cancer métastasique, c'est parer aux effets nocifs de ses traitements et trouver ce qui rendra la vie si ce n'est toujours agréable, du moins le plus vivable possible. Autrement dit, se donner le moyen de profiter des années ou des mois de sursis que les traitements nous accordent.

Nouvelle épreuve

Comme je m'y attendais depuis qu'on m'a découvert des métastases osseuses, j'ai dû retourner à l'hôpital pour reprendre une chimio par perfusion. J'ai retrouvé le chemin emprunté déjà deux fois pour entamer cette fois-ci une cure de FEC 50.

Cela ne m'enchantait pas. La précédente chimio, le Taxol Avastin, m'avait mise sur les genoux. Elle avait été prescrite lorsqu'on m'avait découvert des métastases pulmonaires. J'avais énormément toussé, je m'étais sentie mal plusieurs fois – malaises vagaux avec violentes douleurs intercostales –, j'avais abondamment saigné du nez, fait des « fausses routes » et des crises d'étouffement, bref, un petit enfer personnel fort déplaisant.

Mais cela avait été efficace. Les métastases ont régressé. Les tumeurs pulmonaires ont stoppé leur envahissement si bien qu'il a été envisagé de m'ôter le lobe pulmonaire pour me débarrasser totalement de ce cancer. Hélas, lorsque le chirurgien a ouvert mon poumon, il a découvert que le cancer était sorti du lobe et avait envahi l'artère pulmonaire. Inutile d'opérer.

Depuis, j'ai enchaîné les chimios à domicile, par voie orale, moins stressantes qu'à l'hôpital. J'en étais fort contente, surtout au début. Il me suffisait de prendre des cachets pendant les repas et d'accepter de me sentir mal après. Mais elles ont fini par me détraquer complètement le système digestif, provoquant en fait un état de nausée quasi permanent avec des brûlures d'estomac et des coliques.

C'était un peu dur, je l'avoue. Associés à une intense et constante fatigue, les troubles digestifs ne me laissaient aucun répit. Néanmoins, je n'avais aucune envie de retourner à l'hôpital. J'appréhendais d'y retrouver les patients que j'avais rencontrés lors de mes deux premières chimios sur place.

Je me suis donc préparée à accepter ce que je savais impossible d'éviter et dangereux de refuser. Je me suis convaincue que j'avais peut-être une chance de mieux digérer, me suis rappelé que les malaises qui accompagnaient les perfusions duraient entre trois et huit jours, et qu'une chimio toutes les trois semaines laissait bien du temps pour vivre… En outre, espacer les prises de sang allait reposer mon unique bonne veine – au creux du bras droit, le gauche n'ayant plus de ganglions – et apaiser l'angoisse des infirmières qui s'étaient vues contraintes de me piquer toutes les semaines et qui trouvaient cela difficile.

Et j'ai repris le chemin de l'hôpital de jour.

Sur ma chambre implantable, depuis six ans implantée, un patch de crème Emla – je l'aime toujours, celle-là –, et me voici repartie retrouver ce que je craignais le plus, les autres malades. Les gens comme moi, soignés comme moi pour la même maladie.

Depuis ma première chimio, j'ai croisé le chemin de nombreuses femmes soumises aux protocoles qui soignent le cancer du sein et ses métastases. Nous avons parlé un peu, discrètement, à voix basse, sans dévoiler grand-chose de nos émotions. Mais le visage, le crâne, la perruque complétaient ce que la fatigue et la démarche laissaient deviner. Je craignais donc d'en trouver abîmées certaines avec qui j'avais un peu échangé. Je ne voulais pas plus voir l'avancée de la maladie sur leur visage que je ne voulais leur montrer la mienne.

Je sais bien que j'ai vieilli et grossi. C'est comme ça, quand on a tendance à manger et à grossir, les nausées ne coupent pas l'appétit. Rencontrer sa déconfiture dans un regard, fût-il bienveillant, n'est jamais un moment agréable. Je ne voulais pas attrister celle qui va mieux ni consterner celle qui va mal.

Or il n'en fut rien. Je ne vis personne de connu, sauf les infirmières, les aides-soignantes, les secrétaires et les médecins, des gens rodés à sourire sans prendre un air peiné quelle que soit notre mine du jour.

Je repris la cure de mes débuts, le FEC 50, moins dosé que le FEC 100 initial, mais toujours aussi long à perfuser et, je le découvris ensuite, toujours aussi fatigant. Il me fallut huit jours pour retrouver un peu d'énergie et envisager de penser à nouveau à mon objectif hédonique. Profiter de la vie lorsqu'on a le sentiment de couler, que la nausée donne de la fièvre, que la migraine s'empare de vous, c'est totalement impossible.

Mais huit jours ne sont que huit jours, quand bien même ils semblent durer longtemps. J'ai fini par relever la tête et me remettre à penser. À noter une fois encore combien la douleur, la gêne et les malaises sont mauvais pour l'esprit. Ils nous acculent dans les recoins les plus sombres de nous-mêmes, là où ne parviennent même pas les éclaircies et les rires. J'ai vécu trois jours effondrée, terrassée par le doute et l'envie de me laisser couler par le fond.

Et j'ai repris une gorgée d'air, entrevu une lueur d'espoir, pu entendre la vie pulser, pu recommencer à penser.

Recommencer à penser est comme une immense gorgée d'oxygène, cela nous sort du trou, nous rend vivants. La pensée ranime. C'est pourquoi je voudrais bien pouvoir penser tout le temps. Penser encore longtemps.

Une échelle de mesure

Lors de ma dernière consultation, j'ai interrogé à nouveau mon oncologue sur mon espérance de vie. Et j'ai enfin obtenu une réponse qui m'a permis de mettre de l'ordre dans mes idées.

Sa réponse est technique, elle n'a aucune valeur prédictive personnelle – je savais bien que je n'interrogeais pas une voyante –, mais elle m'a renseignée en me donnant une information que j'ignorais.

Tout en me réaffirmant que l'espérance de vie se calcule statistiquement et que personne n'est tenu à confirmer les statistiques – la preuve en est que je suis encore là, six ans après un cancer stade IV qui me donnait statistiquement entre trente mois et cinq ans à vivre –, elle m'a parlé d'échelle de mesure.

Ainsi peut-on compter l'espérance de vie en fonction de la gravité et de l'avancée du cancer, en années, en mois ou en semaines, voire en jours. Pour moi, il s'agit de mois.

C'est la raison pour laquelle elle me régalait de sa jolie moue dubitative chaque fois que je lui demandais si j'avais encore quelques belles années devant moi. Car, dans mon cas, on compte en mois. J'ai quelques mois. On peut compter en mois jusqu'à trente. Ensuite, on parle d'années.

Je suis donc fixée. Comme je suis encore debout, valide et que mes examens sont bons, comme j'ai le moral et une belle vie bien entourée et confortable, j'imagine que j'ai au moins vingt-quatre mois devant moi.

C'est un jeu que d'aucuns trouveront stupide – je suis presque de leur avis –, mais qui me convient. J'aime me projeter dans une espérance de vie, certes comptée, mais suffisante pour me permettre de faire des projets. Je me vois participer à la prochaine fête de Noël et assister au spectacle que ma fille fait répéter à ses enfants, je peux projeter de terminer ce livre et d'en écrire un autre – j'ai déjà soumis le projet à mon éditrice –, je peux voir fleurir les lilas et tenter d'enfin bien en profiter.

Dans ma tête, j'ai deux ans devant moi. Cela me suffit. Et pourquoi pas deux ans renouvelables, comme la lumière des phares qui avance avec nous dans la nuit et nous ouvre la route au fur et à mesure qu'on avance...

En attendant que la mort vienne

Même si je ne sais pas exactement de combien de mois je dispose, je sais que je ne deviendrai jamais vraiment vieille. Ce n'est pas qu'une question de statistiques, c'est une certitude intime.

La mort m'a visitée, m'a laissé son empreinte – sa carte de visite, en quelque sorte –, et m'a promis de revenir. Si elle n'a pas fixé de date pour notre ultime rendez-vous, ni même pour notre prochaine rencontre, qu'elle soit la dernière ou pas, elle m'a bien laissé entendre qu'il était inutile que me soit réservée une place dans la charmante maison de retraite de notre commune.

Donc, je sais que je vais mourir. Dans un délai raisonnable.

Je pourrais ne pas trop m'en soucier et renvoyer ma mort à sa dimension existentielle, lui ôter toute urgence, toute actualité. Mais l'affaire m'intéresse au plus haut point, je ne veux pas lâcher l'affaire car je ne veux pas rater cet événement essentiel pour moi.

Pour l'instant, je sais bien qu'il est moins question de me préparer à mourir que de m'adapter à la kyrielle de traitements qui me maintiennent en vie, or je ne puis m'empêcher de jongler avec ces deux réalités, je veux vivre et je sais que je vais mourir.

C'est une évidence, je ne suis ni mourante ni grabataire, il m'arrive même d'avoir plutôt bonne mine. Ma réalité est celle d'une malade bien vivante, soignée pour un cancer métastasique dont on ne voit pas toujours le degré d'avancement, mais dont on peut vérifier régulièrement qu'il avance doucement. Cela devrait suffire à m'occuper l'esprit.

Mais je pense à la mort. Il m'arrive même sinon de la souhaiter, du moins d'y consentir avec soulagement. Car, comme tous les autres malades, il est des jours où l'effort de vivre me semble hors de portée.

Ces jours-là, j'ai envie de me laisser couler dans la maladie, de me coucher, me fermer, laisser la dépression me tirer par le bas. Arrêter de sourire, de me forcer. Laisser venir les idées noires et les noircir même un peu, accentuer ce sentiment extrême, celui d'être malheureux.

À défaut de parvenir à être heureux, pourquoi ne pas jouir de son malheur… Qui n'est jamais tenté par cela ? Or, chaque fois que me vient l'envie de glisser sans lutter, je crains que si je lui en laisse le loisir, la maladie prenne toute la place et détruise en moi toutes les étincelles de vie. J'ai le sentiment qu'il s'en faut de peu pour qu'elle ferme les volets sans laisser venir la lumière, qu'elle m'éloigne de la vie, m'isole des vivants et me laisse en la seule compagnie de ma détresse et de mes douleurs. Je sais que le gouffre du vide n'est jamais loin, il fait partie de ma vie, du fonds anxieux et dépressif qui me colle aux pas depuis l'enfance. Puisque je me connais, à moi de m'épargner la tentation du malheur.

Nous en faisons tous l'expérience, la dépression est une compagne collante et exclusive, qui nous tente autant qu'elle nous menace, et qui peut parvenir à nous isoler et nous enfermer avec les pires aspects de nous-mêmes.

Ainsi, chaque fois, après m'être accordé le droit de flancher, de m'affaler, de me morfondre, dès que j'ai pu sentir en moi la moindre petite étincelle d'énergie, je me suis arrachée à la torpeur, suis sortie de mon canapé et ai rouvert mes rideaux.

C'est un effort énorme, je le reconnais. Qui résulte d'un long compagnonnage avec les parties sombres de moi-même. La mort est en moi depuis mon enfance. La mort intime, le désir d'en finir côtoie depuis toujours chez moi l'ardeur du désir de vivre.

Alors ne précipitons pas les choses. Pour l'instant, l'heure de baisser les bras n'est pas encore venue. Même si mon âme est fatiguée et mon désir inerte, mon corps dispose toujours d'une certaine envie de vivre. Ce n'est pas encore le moment de mourir. Ni de laisser la maladie envahir la totalité de mon existence.

Je sais que l'heure viendra où je me coulerai avec sagesse dans l'attente de la mort. Et que la certitude de la fin occupera mon quotidien. Mais cette heure-là n'est pas encore venue.

III.

Le problème avec le temps

Avant d'en mourir, il faut vivre avec le cancer. Avec une maladie qui ne nous tue pas toujours, mais qui nous use, nous fait vieillir. Qu'on le veuille ou non, le cancer marque nos corps et notre esprit du sceau indélébile du vieillissement.

Le cancer du sein vient menacer la jeunesse et la féminité des cadettes, les poussant dans une maturité parfois précoce, souvent brutale, qu'elles acceptent sagement ou qu'elles refusent avec véhémence. Perruque, reconstruction, massages, maquillage, sport, diététique, si toute une panoplie orthopédique et esthétique permet de lutter contre les ravages de la maladie et des mauvais traitements qui la font reculer, bien des stigmates intimes restent toutefois incrustés dans le secret de celles qui en guérissent. C'est le genre d'épreuve qui marque de son sceau le seuil d'une nouvelle vie. Plus dense souvent, plus riche aussi, moins innocente. Même celles qui veulent tout oublier se savent intimement tatouées.

Pour moi, et pour beaucoup de femmes ayant dépassé la soixantaine, le cancer ouvre la voie de la vieillesse. À l'âge d'une maturité que notre société a les moyens de rendre fort séduisante, où nombre d'entre nous balancent entre le style de vie et l'allure des quinquas et l'art de vivre des mamies, le cancer fait pencher le fléau sans beaucoup d'hésitations. Il nous marque de son sceau implacable.

Comme pour toutes les maladies sévères, il nous indique très clairement qu'il ne suffit pas de lutter contre la maladie et contre les effets des traitements, mais qu'il faut également tenir compte du poids que maladie et traitements font subir à notre âge. Vieillir ne signifie plus seulement accumuler les anniversaires et acquérir de l'expérience, il s'agit maintenant de prendre de l'âge, de faire son âge, d'entrer visiblement dans la catégorie des gens usés, des gens âgés.

Osons le dire, le cancer fait vieillir les gens de mon âge. Il nous fait devenir vieux. Devenir vieilles. Entrer irrésistiblement dans la vieillesse.

Or, dans notre société, si les mots « vieillir » ou « vieillissement » sont souvent évités, le mot « vieillesse » lui, est presque tabou. On parlera des aînés, des seniors ou du troisième âge, mais on évitera toutes les connotations du processus d'usure qui accompagne les années.

Reconnaissons que vieillir signifie non seulement grandir, mûrir et se bonifier, mais aussi s'abîmer, dépérir et prendre la voie qui mène à la mort. Bref, c'est un voyage souvent pénible, qui serait peu engageant même s'il ne menait pas à la mort. La vieillesse n'attire ni n'enchante personne.

Elle ne cesse de nous comparer à nous-mêmes, creusant l'écart entre ce que nous devenons et ce que nous avons été, ou ce que nous avons rêvé d'être. S'y engager demande de sérieuses qualités de courage et de lucidité. Des qualités qui deviennent rares à l'heure où l'on semble s'affoler du moindre signe de flétrissure.

Savoir vieillir est un art exigeant. Le miroir peut devenir un ennemi dont il faut sans cesse parer les coups, de même que la lassitude qui accompagne nos pas, alourdit nos gestes et menace notre pensée.

À ceux qui s'obstinent à croire leur jeunesse préservée, le vieillissement, la maladie et la mort semblent inacceptables. Si c'est bon pour les autres, c'est inacceptable pour eux. À défaut de pouvoir le dissimuler, leur âge les fait souffrir comme le ferait une profonde injustice. Ils vivent le démantèlement de leurs forces et la perte de leurs rêves comme une privation injuste, une frustration insupportable. Une déchéance inacceptable, un vol, voire un rapt. Une violence.

Pour eux, tout se passe comme si la vie était une promesse de jeunesse éternelle et que seule l'énergie et la vitalité du corps pouvaient nourrir l'âme. Comme si la vieillesse et la mort qui lui fait nécessairement suite ne faisaient pas partie de notre destinée humaine, et leur acceptation de notre humanité.

L'heure est à la jeunesse

Il faut dire que l'heure n'est pas à la glorification de l'expérience ou au respect de la sagesse des anciens. Seul le très grand âge fait recette car il semble indiquer que la mort recule devant la modernité.

Avant d'être comptabilisé comme centenaire et d'avoir le droit d'étaler sa décrépitude, il faut cacher ses rides, refuser de s'empâter, de se tasser, de se flétrir. Il faut tout faire pour ne pas avoir l'air vieux, pour ne pas faire son âge. Autrement dit ne pas l'avouer, comme s'il était une faute, ou plutôt qu'il était répréhensible de ne pas le cacher.

Car nous sommes prisonniers des images. Ne pas lutter contre la visibilité de l'âge est parfois vécu comme un laisser-aller, une régression, un abandon de poste. Une faiblesse de caractère, voire une lâcheté de l'âme.

L'heure est à l'apparence de la jeunesse, à la vitalité, la peau lisse et le teint frais. Pour les quinquas comme pour les ados, il faut que la photo soit belle. Il ne s'agit pas de flancher, de laisser s'installer rides ou kilos. Cancer ou pas, à défaut d'être bien dans sa vie, il faut avoir l'air bien dans sa peau.

Avoir l'air, paraître, donner le change. Dissimuler, réparer, régénérer. Quel que soit notre âge ou notre état de santé, l'industrie et la chirurgie cosmétiques mettent à notre disposition tout un arsenal susceptible de gommer les stigmates de l'âge et d'adoucir ceux de la maladie.

Certes, du côté des femmes mûres et vieillissantes, nous sommes nombreuses à refuser de nous leurrer. À délaisser les sirènes du paraître, à établir d'autres priorités, affectives, éthiques ou familiales. Pour nous, la lucidité est la meilleure manière de faire avec la réalité. Et la réalité reste une épreuve que nous refusons de nier, d'occulter, de contourner. Nous voulons l'affronter, faire avec elle et nous enrichir de sa force. Car l'acceptation de la réalité est un atout certain pour qui veut vivre pleinement sa vie.

Ainsi, à partir d'un certain âge, il me semble raisonnable d'accepter le vieillissement que le cancer nous impose. Pour l'apprivoiser, envisager de s'en faire un allié, je crois qu'il vaut mieux y consentir.

Consentir, cela ne veut pas dire abdiquer toute volonté, se soumettre, se laisser couler dans la maladie en renonçant à tout désir, à toute vie autre que celle que nous imposent les traitements. Loin de là. Reconnaître l'impact de la réalité, consentir à l'inévitable, permet d'en tenir compte, sans se laisser leurrer par ses désirs et ses illusions. J'observe même que faire face à la réalité dégage en nous suffisamment d'énergie pour l'affronter. Et suffisamment de créativité pour affronter le triste voyage de la vieillesse sans trop s'ennuyer.

Ainsi verra-t-on les joyeuses quinquas, quel que soit leur âge réel, aller chez l'esthéticienne, tandis que les mamies paisibles, avec ou sans petits-enfants, tricoteront en laissant venir leurs cheveux blancs. Chacune d'elles choisissant sa propre manière de vieillir, d'entrer dans la vieillesse, d'être vieille.

La voie de la sagesse

Accepter de vieillir, c'est noter les marques du temps qui s'inscrivent sur sa peau, les percevoir dans tout son corps, au plus profond de ses viscères et de ses os, mais c'est surtout voir s'alourdir le poids de son âme. Regarder défiler, s'amenuiser, s'éloigner et s'éteindre la plupart des espoirs qu'entretient la jeunesse, et y consentir. Faire sien son passé dépassé, son passé perdu. Ne pas s'accrocher désespérément à ce qui fut dans l'espoir d'occulter ce qui est, et de refuser ce qui vient, mais s'en enrichir. Ne pas oublier que ce qui fut fait de nous ce que nous sommes, même s'il semble n'en rien rester.

Mais voilà, pour s'enrichir du passé, il convient d'accepter son éloignement, sa perte, les successions de pertes. Toute notre vie en est marquée. On ne cesse de perdre. Depuis l'enfance, depuis la naissance, depuis toujours, il nous a fallu perdre pour évoluer. Pour grandir, s'adapter, pour changer, pour devenir. On peut même assurer que ce sont les sédiments de ces pertes qui nous ont toujours enrichis et qui encore nous enrichiront.

Car vieillir, c'est également mûrir. Accumuler de l'expérience, événements, accidents et incidents de la vie, ainsi que des expériences intimes parfois indicibles mais décisives. C'est prendre du recul, voir se modifier toutes les perspectives de l'existence et en savourer la nouveauté. C'est se sentir fort et riche de mille petites et grandes leçons de la vie. Se sentir lourd, comme lesté par la mémoire – la nôtre et celle de notre époque –, modelé par nos souvenirs, transformé par nos rencontres, ciselé par nos amours, définitivement creusé et sculpté par ce qui fut et qui nous marqua et fit de nous ce que nous sommes.

Comme Peau de la Vieille Hutte dans *Little Big Man*, au visage buriné et à l'âme pure, vieillir c'est aller vers la sagesse, l'éternité, vers ce qui nous dépasse. C'est tenter de rejoindre ce qui provient du plus profond des âges et s'y allier.

Vieillir, c'est se rapprocher de sa propre vérité et ainsi, devenir soi-même. Qu'on apprécie plus ou moins ce que le destin a fait de nous, vieillir, c'est rencontrer et reconnaître ce que nous avons fait de notre propre vie.

Feuilles d'automne

J'ai toujours aimé l'automne. Enfant, j'attendais la rentrée des classes, jeune adulte, je me réjouissais de sentir revenir la fraîcheur, le vent et l'énergie profonde de cette saison à mes yeux toujours magique.

Le 1er octobre a longtemps sonné pour moi, comme pour beaucoup d'autres gosses de mon milieu et de mon époque, l'heure de la liberté. Les congés d'été duraient trois mois, nous ne partions pas en vacances. Dans mon quartier, personne n'avait de maison familiale au bord de la mer où retrouver des hordes de cousins. Pour nos parents, les colos étaient trop chères, seul le centre aéré de la paroisse nous offrait quelques distractions. Même ceux qui avaient des grands-parents accueillants et des parents de bonne volonté trouvaient le temps des grandes vacances bien trop long.

Pour moi aussi, les mois d'été s'étiraient infiniment. La rentrée sonnait l'heure des marrons lisses et brillants, du vent vif et humide, des feuilles rousses, des longs trajets à pied jusqu'à l'école et, surtout, le retour des maîtresses. Les hautes figures de la féminité et du savoir qui ont enchanté mon enfance.

Dans le monde des institutrices, l'ordre gagnait sur le désordre, le travail sur l'ennui, les livres sur les balais et les énigmes du savoir sur les fantasmes et terreurs maternels.

L'automne a toujours illustré l'énergie puissante du monde extérieur, le souffle puissant du renouveau. Les couleurs des forêts, le vent, les nuages, tout incarnait la force et la puissance de la nature, son apothéose, les manifestations de sa gloire et les mystères de ses transformations. Les bourrasques pouvaient bien faire plier les arbres et les dénuder de leurs feuilles, la violence de l'automne me promettait la fin du chaos familial pour lui substituer l'ouverture des chemins de la connaissance.

À l'heure où j'écris ces lignes débute l'automne. Les fougères roussissent, les dernières roses se fanent. Les matins sont brumeux, les soirées courtes et humides, les nuits fraîches. J'aime toutes ces fraîcheurs, elles me reposent des fatigues de l'été, soleil trop brûlant, ciel aveuglant, lourdeur des jambes et des sens.

Même si je n'ai plus besoin du retour des maîtresses pour baliser mes jours, apaiser mes angoisses et aiguiser mon esprit, j'aime toujours voir revenir cette saison. Surtout ses débuts. Ils ont gardé ce côté vivifiant, me donnent toujours une impression de nettoyage et de renouveau. Je regarde les feuilles tomber sans nostalgie, je sais qu'elles laissent la place à de nouveaux bourgeons. Une sorte de grand ménage se fait dans la végétation qui prépare au sommeil de l'hiver et aux repousses du printemps.

C'est pourquoi je ne réagis pas à la mise en berne de l'été comme à la disparition des lilas. Je supporte très bien de voir éclore et se faner les roses de mon jardin. Je sais qu'elles participent d'un temps universel. De l'éternel retour de toute chose dans la nature.

Alors que la floraison des lilas et sa disparition soudaine marquent pour moi ce qui dans notre existence surgit et s'évanouit, l'automne inscrit les saisons dans le renouvellement, dans l'éternité.

L'éphémère

Peut-être mes lilas reflètent-ils l'époque où, enfant, je partageais mon année entre le domicile de mes parents et celui de mes grands-parents. Leur splendeur me rappellerait alors un des bonheurs d'une enfance plutôt avare en bons souvenirs. Comme si un petit cinéma intérieur me projetait les séquences lumineuses de mon passé, me rappelant ainsi que le temps passe mais que le bonheur reste. Les bons moments sont en nous, quoi qu'il arrive par la suite.

Ils sont en nous et nous échappent. De même que toutes les petites merveilles nichées dans notre mémoire, leurs flashs ne peuvent qu'être fugaces. Ils surgissent et s'envolent comme la pensée des choses passées. Ce sont des réminiscences, fugitives, des promesses. Le printemps les matérialise comme autant de tout petits bonheurs, de ces minuscules pointes de joie ou de paix qui permettent de survivre si on parvient à les capter. Vers quoi nous pouvons tendre les bras mais qui toujours nous échappent. Et ainsi nous maintiennent en vie. En attente. En désir.

Ce qui me rend inaccessible ma fleur préférée serait alors comme une métaphore du temps heureux. Autant celui des bonheurs perdus à jamais – que la mémoire conserve, mais ne permet pas de saisir –, que celle des joies présentes, qui passent sans qu'on puisse les ralentir, les attraper et les posséder.

En m'offrant mes fleurs et en m'empêchant de les atteindre, le lilas représente ce bonheur que l'on cherche à saisir ou à retrouver, auquel on aspire, et qui se dérobe toujours. Ou, à défaut du bonheur, cette sorte de paix intérieure qui fait que l'on se sent exister et que l'on aime ça.

Mes inaccessibles lilas illustrent peut-être tous ces doux instants de la vie qui nous échappent et qui nécessitent un effort pour qu'on puisse s'en saisir. Les fleurs surgissent et m'échappent, me rappelant que je ne peux rien contre l'écoulement irrémédiable du temps. Et qu'il me faudrait chercher comment apprécier ce que je ne peux retenir ni garder.

Alors que la chute des feuilles me promet les bourgeons à venir, l'épanouissement des lilas annonce leur défloraison. Le bonheur est plus facile à rêver qu'à tenir.

Retenir l'instant

La physique quantique – à laquelle je ne prétends pas comprendre grand-chose – nous assure que le temps n'est qu'une perception subjective, une construction mentale, une donnée humaine qu'ignorent les nouvelles théories susceptibles d'éclairer l'univers et la matière.

Le temps n'existe pas. Le flux inexorable qui nous porte n'aurait aucune réalité scientifique ? Une hypothèse difficile à saisir en restant rationnel. Mais en acceptant de délirer un peu, on peut se laisser aller à partager bien des fantasmes et des constructions imaginaires nous permettant de s'en approcher.

Car avant que de nourrir les théories mathématiques, la question de l'écoulement du temps a occupé bien des rêves de philosophes, de poètes, a hanté les délires de savants fous, d'alchimistes ou d'auteurs de science-fiction[1].

Capturer l'éternité, se saisir de l'éternelle jeunesse, s'approcher ainsi de l'immortalité. Voyager dans le temps, revisiter le passé, rencontrer ceux qui sont morts, se revoir enfant, adolescent. Retrouver les visages qu'on a oubliés, dire les mots qui n'ont pas été dits. Explorer les univers parallèles, entrevoir des versions alternatives du passé, du futur. Se confronter aux paradoxes temporels. Parvenir à être maître du temps.

Pouvoir agir sur la temporalité de nos vies, celle d'hier comme celle de demain, ce serait avoir la totale maîtrise de sa destinée, le pouvoir

---

1. Je pense en particulier aux ouvrages de Philippe K. Dick.

absolu qui donnerait à l'humanité le statut divin de l'absolue toute-puissance.

Bien plus modestement, sans agir ni sur le passé, ni sur l'avenir, ni sur les alternatives à ma réalité, j'aimerais bien pouvoir contrôler – ne serait-ce qu'un tout petit peu – le temps présent, parvenir à freiner son écoulement, ou du moins le maîtriser.

Voici la difficulté : retenir l'instant, celui qui passe. L'instant qui fait histoire lorsqu'on l'intègre au scénario d'une vie, l'instant trop fugace pour accrocher la conscience et marquer la mémoire, l'instant fécond qui détermine notre existence, l'instant banal qu'on voudrait conserver, l'instant à venir qu'on craint et dont on voudrait retarder l'issue.

Si j'avais un boîtier, comme pour les DVD, je mettrais les heures de nausées et de fatigue en avance rapide et ralentirais, voire bloquerais, les moments de plaisir et de bien-être. Et je pourrais vivre intensément et revivre inlassablement les instants dont j'aimerais me souvenir. Les instants heureux.

Mais la vie n'offre pas les pauses qu'on voudrait. Lorsqu'elle construit des arrêts temporels, c'est pour nous imposer la version traumatique d'un événement qui s'est vu figé à défaut d'avoir pu être pensé. C'est souvent une blessure, une agression psychique, l'irruption violente d'une réalité inacceptable. Elle fait effraction dans le tissu mental et émotif de nos pensées et peut y rester coincée, revenant inlassablement dans les rêves, les cauchemars.

Rares sont les instants précieux et heureux qui parviennent ainsi à s'incruster dans notre esprit. Pour les stocker, il faut le vouloir. Les saisir au moment où ils passent, les repérer, les identifier, les mémoriser. Le bonheur s'envole plus facilement que le malheur.

Bulles de mémoire

Retenir les fragments de temps heureux, retrouver les bonheurs passés, les conserver... La mémoire le permet parfois.

Quand elle est docile, elle en a la capacité. Elle sait faire surgir ce qui n'est plus et que l'on souhaite revivre. Pour chacun d'entre nous, c'est comme un coffre magique personnel, une caverne secrète remplie de trésors où puiser des joyaux. Certes, c'est aussi un outil indocile qui peut devenir rétif à retenir le présent, tout en restant capable de dénicher dans nos fonds de tiroirs de quoi nous souvenir d'hier.

Qu'on le veuille ou non, la mémoire signe l'éternel retour de notre passé et ses ramifications, voire ses résurgences, dans notre présent. Du passé, dont elle peut être un dépositaire jaloux, avare ou fantasque, elle joue à sa guise, s'amusant à nous troubler par sa parcimonie ou la fantaisie brutale avec laquelle elle lui permet de nous envahir, quel que soit notre désir de nous souvenir ou d'oublier.

Ainsi, en écrivant sur mon cancer, ses métastases et ses traitements actuels, alors que je n'ai aucun besoin de chercher dans mes vieux souvenirs, me reviennent des détails appartenant au passé. Inutiles, voire inappropriés, ils surgissent, s'installent si je m'y attache ou disparaissent si je n'ai pas besoin d'eux. Petits moments de mon enfance ou de celle de ma fille, séquelles d'instants que je croyais avoir perdus, de tourments dépassés, de petits bonheurs fugitifs.

Je me revois avec ma chienne, Fanny, un berger allemand tendre et remuant. Aucun détail ne m'échappe, la jupe à carreaux qui me pendouillait sur les genoux, le pull déformé constellé de taches de fruit, les chaussettes qui glissaient sur mes chevilles. J'étais une adolescente, mal dans ma peau, mal fringuée, anxieuse, haineuse. Le passé de ma famille me bouchait l'horizon. Seule ma chienne Fanny savait me comprendre.

Pourquoi me souvenir de cette merveilleuse bête alors que j'épluche mon quotidien pour parvenir à décrire la machine temporelle infernale qui échappe à mon contrôle ? Peut-être parce que je l'ai aimée tendrement. Jamais je ne l'ai oubliée. Elle fait partie de mes bons souvenirs.

Cachou, mon labrador au grand cœur, me rappelle Fanny. Ces deux chiennes font partie de moi. Comme l'affection bourrue de ma grand-mère ou les accès de violence et de détresse de ma mère, elles sont en moi. Je ne serais pas la même si j'avais dû vivre sans ces chiennes, leur fidélité absolue, leur tendresse, le lourd regard de leurs yeux bruns.

Me reviennent également les roses que visitait tous les matins ma grand-mère dans notre jardinet près de la Marne, ma fille trottant derrière elle, son nounours à la main. J'étais une jeune mère alors, pressée par l'urgence de vivre, d'oublier mon passé récent, ses drames, mes folies.

À l'heure où je cherche à fixer l'instant présent, dans une vie que la maladie rend précieuse et qui file vers une fin à laquelle je ne peux que consentir, me reviennent les jours où je fuyais ma vie, l'époque où j'aspirais à oublier ce que je venais de vivre. J'étais alors pressée de vieillir, de fuir, d'oublier. Je ne voulais me souvenir de rien tant j'étais encore chaude des larmes, des remords et des regrets qui encombrent les débris d'une histoire d'amour bafoué[1].

Des séquences provenant de mes jeunes années reviennent ainsi, la nuit souvent au détour d'une petite insomnie, ou dans le fil d'une réflexion qui les trouve superflues. Elles surgissent à mon insu, sans que je les convoque, et peuvent me parasiter l'esprit, imposant un détour que ma pensée lucide juge inutile. Mais je sais que les associations de

1. Voir M. Vaillant, *Aimer à perdre la raison, Autopsie d'une passion*, Les liens qui libèrent, 2013.

pensées sont riches et lourdes, alors j'écoute ce que mon histoire veut me dire.

Car le passé nous colle un peu aux semelles. Parfois, il s'embrouille, bafouille, mais il a toujours quelque chose à dire. Nous avons intérêt à le laisser s'exprimer.

Alors que je peine à retenir le présent, que l'avenir ne parvient pas à prendre consistance, c'est mon passé qui tend à gagner du terrain. Il vient me rappeler que la vie d'hier est toujours présente, même pour qui se bat pour vivre aujourd'hui sans attendre grand-chose de demain.

La fragilité du présent

La mémoire est précieuse, mais elle est capricieuse. Celle d'hier est lourde et souvent trop présente, alors que celle d'aujourd'hui est volatile, voire inexistante.

La mienne me joue des tours. Comme tout le monde, la mémoire immédiate me fait parfois défaut. Il m'arrive de pénétrer dans une pièce sans savoir ce que je viens y faire. J'oublie ce que je veux dire, ce que j'allais faire, ce que je viens de faire. C'est un peu comme sur mon écran d'ordinateur, ce que je viens d'écrire et que je n'enregistre pas peut à tout instant s'effacer.

Ce défaut de mémoire ordinaire, qui me fait oublier d'éteindre le gaz ou de fermer un robinet, qui me fait rechercher constamment un nom, un prénom, même de personnes proches, contribue à me donner le sentiment d'un présent fugace, évanescent, voire rétif, presque hostile. Le sol n'est pas bien stable, il vacille parfois. La réalité se fractionne en mille petites secondes fragiles qui peinent à s'unifier pour consolider l'instant et lui donner la stabilité qui me rassurerait. Retenir le présent devient une aventure particulièrement délicate. Alors qu'il semble parfois si difficile de le vivre, l'idée de le retenir semble bien incongrue.

Pour moi comme beaucoup de personnes vieillissantes, ce présent fragmenté, visité sans cesse par la menace de dissolution, par l'oubli, la fuite, bloque parfois l'accès au sentiment d'exister. Plus que jamais, nous avons le sentiment que le présent n'est qu'un passage. Un passage parfois douloureux, souvent instable, en tout cas inconfortable.

Les souvenirs du passé, comme les craintes pour l'avenir, semblent parfois bien plus actuels que le présent qui ne cesse de fuir, de se brouiller, de s'évanouir.

C'est pourtant sur lui que s'appuie l'essentiel de notre désir de vivre. De vivre l'instant présent, tout de suite, au moins jusqu'à plus tard, jusqu'à tout à l'heure. Et c'est un défi constant que d'avoir à vivre l'instant présent, celui qu'on voudrait goûter – retenir, donc, pour en profiter –, comme celui qui nous use par sa difficulté. L'un comme l'autre sont parfois pour nous de véritables défis. Vacillants, presque impalpables, douloureux ou précieux, ils constituent ce que nous avons à vivre, ce que nous devons vivre.

Les amours et les aimés

S'il m'arrive de laisser les pommes de terre sur le gaz, la fenêtre ouverte sous la pluie, si je cherche parfois longtemps le nom d'un proche, jamais je ne manque de donner à manger aux chats ou au chien et jamais je n'oublie de penser à mon compagnon ou à mes petits-enfants. Autrement dit, je n'oublie rien d'essentiel.

Ma tendance à me préoccuper du bien-être de ceux que j'aime ne s'égare pas dans mes trous de mémoire, bien au contraire. Certes, je ne suis pas sénile, ma mémoire n'est aucunement détruite, elle se contente de jouer parfois avec moi, tout en restant globalement fidèle au poste. Lorsque mon quotidien se résorbe, non seulement il laisse intacts certains souvenirs, mais il respecte totalement mes amours, autant les anciennes que les actuelles. Il leur laisse même parfois toute la place.

Pour moi et pour bien d'autres, cela rend difficile le projet de recentrement sur soi et sur son quotidien, presque impossible le souhait de vivre l'instant comme s'il était unique. Car nous ne sommes pas seuls au monde, le désir de se sentir bien n'est pas toujours prioritaire. Du moins ceux qui ont la chance d'avoir des gens à qui penser, des gens à aimer.

Car si nos amours passées hantent parfois nos souvenirs, nos remords et nos regrets, nos amours actuelles prennent facilement toute la place dans nos soucis et nos projets. Autrement dit, nous sommes tenus par nos affections. Par notre besoin d'aimer et d'avoir des gens à aimer.

Il faudrait pouvoir ne penser qu'à soi pour parvenir à réellement bien profiter de l'instant présent. Pourtant, chacune de nos secondes peut être habitée par des pensées anxieuses concernant nos proches. Du moins en est-il ainsi pour moi. Les tracas que me cause ma santé sont tout à fait secondaires dès que surgit le moindre souci concernant mes enfants, mes petits-enfants, mon compagnon, voire mon chien ou mes chats. Leur santé, leur équilibre, tout ce qui me procure tant de bonheur et me donne envie de vivre peut être tout naturellement cause d'inquiétudes.

Je ne suis pas différente des autres grands-mères, qu'elles soient malades ou pas : leur propre bien-être passe rarement avant celui de leurs proches. Ce qui concerne le quotidien, certes, avec ses aléas ordinaires, mais aussi l'avenir, leur devenir.

Les souvenirs et les projets

Si nos souvenirs personnels nous appartiennent et, pour la plupart, n'impliquent en rien nos enfants et nos petits-enfants, nos projets le plus souvent les concernent.

Ainsi, je voudrais bien voir grandir mes petits-enfants, découvrir leur adolescence, voir se dessiner le chemin de leurs vies. Mais je sais que cela ne me sera pas donné. À défaut, je me préoccupe de leur transmettre le mieux possible le fruit de mon travail et de mon expérience. Par des donations certes, mais aussi par le partage quotidien des valeurs qui me sont chères. Avoir une grand-mère a été la chance de ma vie, alors comme je serai absente de leur avenir, je m'efforce d'être dans leur présent[1].

Je me retiens donc de bâtir pour eux des projets ou des rêves dont je ne verrai même pas l'ébauche d'une réalisation. De mon côté, j'ai bien plus de souvenirs que de projets. Alors que les uns affluent les autres se font rares.

En réalité, à part pour les publications de mes livres – mes éditeurs ne semblent pas effrayés par mon état de santé et continuent de me faire confiance –, il m'est difficile d'échafauder des

1. Voir M. Vaillant, *Au bonheur des grands-mères*, Érès, 2010.

plans qui hypothéqueraient un futur immédiat ou lointain dont je ne dispose pas.

J'avais envisagé d'aller à Paris pour la promotion de *Pardonner à ses enfants*, mais la découverte de nouvelles métastases et la mise en place de la nouvelle chimio ont fait voler ce joli programme en éclats. Ma fatigue est telle aujourd'hui que je ne me vois pas supporter le long voyage en TGV qui a pourtant fait si longtemps mes délices. Pour l'occasion, je voulais faire blondir un peu mes cheveux pour illuminer mon visage et être ainsi plus agréable à voir à l'écran. Mais mon crâne se dénude, inutile de dorer les quelques poils qui me font l'honneur de ne pas tomber tout de suite. Ce ne sont que de petits projets, mais ils sont tombés à l'eau.

Je m'adapte. Je tente de perfectionner mon nouvel art de vivre au jour le jour. Je m'efforce d'être présente dans mon quotidien et d'en profiter. Mon compagnon prépare un grand feu dans l'âtre du salon, nous dégustons des huîtres, il m'emmène au bord de la mer ou porte ma bouteille d'oxygène pour que je puisse marcher dans les bois. Certains jours débarquent mes amours de petits-enfants, ce sont pour moi des jours de fête et d'efforts. Je me dois d'être prête, j'anticipe leur arrivée, je me mobilise, libère mon emploi du temps, prépare les chambres et les repas. C'est le week-end, mon compagnon m'assiste, une voisine me prépare une soupe, un gâteau… Seule, je suis incapable d'affronter ce que j'espère pourtant de tout mon cœur : l'arrivée bruyante et joyeuse de mes petits chéris. Ensuite, je mets du temps à reprendre mon souffle et à récupérer de l'épuisement que cela me cause.

C'est le quotidien d'une femme malade qui a la chance d'habiter à dix kilomètres de chez sa fille et qui peut s'organiser pour recevoir ses petits-enfants le plus souvent possible. Car ils sont ma priorité, et je veux qu'ils fassent partie de mon actualité.

Avec un avenir limité, il est sage d'adapter son imagination, ses projets et ses rêves pour qu'ils tiennent dans le cadre de son espérance de vie. Il m'arrive de voir mes désirs s'envoler vers des temps sur lesquels je sais ne pas devoir compter. Mais, très vite, je reviens à la sagesse de ma réalité. Demain ne m'appartient pas. Il n'appartient à personne, mais moi je le sais.

Les « jamais plus »

Ainsi, depuis que mon cancer est devenu chronique, je sais que malgré tous mes efforts, moi la grande marcheuse qui ai toujours adoré mettre de bonnes chaussures et partir avec bâton et sac à dos, je ne le ferai plus. C'en est fini pour moi des grandes randonnées dans la moyenne montagne en été, des heures à chercher des champignons dans les sous-bois à l'automne, des balades le long des plages en hiver. Je parviens encore à respirer les embruns et l'humus, mais c'est toujours accompagnée et chargée d'une bouteille d'oxygène.

Je sais également qu'il est trop tard pour les grands voyages. Je n'irai pas traîner mes guêtres sur la muraille de Chine, ni ne contemplerai le temple d'Angkor, je ne visiterai pas les fjords de Norvège, je ne passerai pas plus le mois d'avril au Portugal que l'automne à Pékin.

Il me faut me faire à l'idée que je ne suis plus capable d'assurer la moindre conférence, que je ne passerai plus à la télé pour faire la promotion de mes livres, que même les émissions de radio en direct seront difficiles. Même si l'une ou l'autre de mes futures chimios parvient à réduire mon essoufflement, je n'aurai plus jamais assez d'énergie pour parler longtemps en public, sur une estrade, un plateau ou en studio.

En fait, en creusant bien, je sais aussi que je ne danserai plus jamais jusqu'à l'aube, ne draguerai plus et n'aurai plus de nouveaux amants. Il est trop tard pour que je devienne garde champêtre, chanteuse lyrique ou auteur célèbre de romans policiers.

On peut rêver de tout, mais on ne peut tout vivre. Ni tout revivre.

La vie la plus riche est faite de désirs inassouvis et de plaisirs interrompus. Nul n'obtient tout ce qu'il désire et ne garde ce qu'il a obtenu.

Les roses éclosent et se fanent, les vents d'automne bousculent les feuilles mortes, les lilas meurent, les enfants naissent et grandissent, les rires, comme les pleurs, explosent et s'en vont. Les rides surviennent et s'installent. Les kilos aussi. Le corps grandit, mûrit, s'épanouit puis se voûte. Tout vieillit. C'est la vie.

Notre jeunesse s'envole. Tous, nous en sommes un jour privés. Avec elle, bien des promesses se dissolvent pour laisser place aux déceptions mais aussi aux surprises. Grandir, mûrir, vieillir, c'est perdre bien des espoirs et accepter bien des résignations. La vie ne tient pas toujours ses promesses, elle ne réalise pas tous nos rêves.

La mort est la seule promesse qui sera pour chacun de nous, un jour ou l'autre, tenue.

Le temps fini

Bref, il faudrait profiter de la vie présente, même si parfois elle échappe, sans se laisser assombrir ni par le passé, trop réel, ni par l'avenir, trop aléatoire, voire trop limité.

Il faudrait savoir vivre au jour le jour. Vivre chaque journée comme si elle n'était ni une veille ni un lendemain, chaque semaine sans l'associer aux autres semaines, chaque mois comme s'il était unique, chaque année comme si elle était la dernière. Vivre au rythme d'une éphéméride et non pas d'un calendrier.

Cela m'est difficile. Je pense même que cela m'est impossible. Que cela est tout simplement impossible. Croire qu'il nous faudrait vivre chaque jour comme s'il était unique, détaché de tout lien ou conséquence est un leurre. Un leurre qui ne me tente pas, même s'il peut sembler attirant à qui peine à porter le fil de ses jours.

Je crains que nous ne soyons irrémédiablement attachés à porter le poids du passé – même si lointain qu'on peut croire l'avoir oublié – et à anticiper celui du futur – même si proche qu'il ne va pas plus loin qu'au lendemain.

Aucun instant présent n'est sans racine et sans suite. La mémoire, les souvenirs et les projets, l'anticipation, la responsabilité, sont les liens nécessaires qui nous donnent le sentiment d'exister. Sans eux, nous perdrions toute consistance. Notre existence elle-même perdrait tout sens et tout intérêt. Sa profondeur, son poids, sa densité, sa texture, tiennent à nos capacités de mémoire et d'anticipation ainsi qu'à notre conscience, qui nous relient, nous enracinent, et donnent du sens et de la signification à notre existence.

Je dois le reconnaître, je suis une anxieuse, une prévoyante, une femme qui organise, qui anticipe. Une femme responsable. Chacun de mes instants est relié à ceux qui le précèdent autant qu'à ceux qui lui succèdent. Aucun ne vaut dans l'absolu, sans les liens étroits qui se tissent entre tous.

Je dois donc faire quelques efforts pour apprendre à égrener chacun des moments de ma vie, heureux ou malheureux, les effeuiller pour leur donner la pleine mesure d'instants uniques, les désolidariser du cours des heures et du tissu du temps. Un travail de patience qui n'est pas toujours facile tant j'ai l'âme lourde, riche et pleine d'êtres à chérir et de beaux jours à espérer, ne serait-ce que pour eux.

Pour supporter le cancer lorsqu'il s'installe dans notre vie, il faudrait être capable de tenir à bonne distance autant les amours et les aimés, les souvenirs que les projets, ni trop près ni trop loin, les culpabilités et les craintes, pour éviter qu'ils ne parasitent le quotidien et nous détournent de vivre l'instant présent pour nous-mêmes.

Apprendre à vivre l'instant, rien que pour soi-même, le dégager de l'espace et du temps, le désolidariser du fil des jours, du réseau des causes et des conséquences, le vivre avant qu'il ne disparaisse. Le vivre, même si nous savons ne pas avoir le temps pour nous en souvenir.

Le vivre même sans avoir personne avec qui le partager.

La solitude et l'ennui

Tout le monde n'est pas entouré de mignonnes têtes rieuses, tout le monde n'a pas la visite de ses petits-enfants, ni des nouvelles de ses enfants. La maladie est souvent associée à la solitude, à l'isolement même. Il devient alors encore plus difficile de s'attacher à vivre pleinement chaque instant. Car trop d'entre eux sont vides.

J'ai écrit sur les bienfaits de la tristesse, la solitude et l'ennui car je sais qu'il faut savoir les apprivoiser, les faire siens, ne pas les fuir[1]. Mais si je peux analyser mes moments de tristesse comme des moments de vérité personnelle, c'est que j'ai aussi des moments de joie. Si je peux recommander de ne pas fuir la solitude, c'est que je suis bien entourée, et, si je préconise de ne pas craindre l'ennui, c'est que j'ai toujours quelque

1. Voir M. Vaillant, *Mes petites machines à vivre*, *op. cit.*

chose à faire que je sache faire et que j'ai envie de faire.

L'écriture n'a-t-elle pas chez moi cette fonction ? Donner du contenu à ma solitude, ma tristesse et mon ennui... Si je n'écrivais pas, je me sentirais vide. Si je ne me nourrissais pas du travail quotidien qui me recentre et me contraint à penser, je serais bien obligée de laisser à la maladie toute sa place.

Je sais que pour bien des femmes de mon âge atteintes du même cancer, la vie est souvent triste, solitaire et ennuyeuse et qu'il n'est nul besoin de les inciter à ralentir le rythme d'une vie qui déjà se traîne et qu'elles trouvent mortelle. Lorsque nos raisons de vivre s'amenuisent, que seules la maladie et ses souffrances nous occupent le corps et l'esprit, il est difficile de mettre en pratique les bons conseils des gens privilégiés, aimés, entourés et actifs.

J'en suis consciente. Je sais le prix inestimable de bonnes conditions de vie pour profiter de l'existence lorsqu'on est malade. C'est d'ailleurs ce savoir intime, profondément inscrit dans ma mémoire et dans ma chair qui me permet d'oser écrire sur les bonheurs de ma fin de vie.

Si je suis heureuse aujourd'hui, cela n'a pas toujours été le cas. Les conditions affectives et matérielles qui sont les miennes actuellement ont longtemps été pour moi inespérées. Mon histoire d'enfant ne me préparait pas à vieillir entourée d'une famille, mon passé amoureux ne me faisait pas rêver d'une vie de couple et mon origine sociale ne me prédisposait pas à devenir psychologue et écrivain.

J'ai assez longtemps été pauvre et égarée pour trouver ma vie d'aujourd'hui – cancer inclus – riche et pleine, pour vouloir en profiter et penser à la mort avec sérénité.

La mort sépare toujours

Nous sommes nombreux à vouloir apprivoiser la mort, à nous y préparer. Pour certains, la difficulté consiste à cesser de vivre, à accepter de quitter la vie, de la perdre. Pour d'autres, qui comme moi consentent à la finitude, il s'agit de partir en laissant les siens.

Car la mort sépare ceux qui s'aiment autant que ceux qui devraient s'aimer. En particulier, et c'est son rôle, elle sépare chacun de nous, un jour ou l'autre, de ses parents et de ses enfants. Elle est le marqueur généalogique qui tranche dans le vif de nos filiations, permettant que la chaîne humaine se perpétue.

Il est logique que les parents meurent avant les enfants.

Les miens sont morts depuis longtemps déjà. Bien trop tôt. Même si j'en ai accepté l'évidence sans me révolter à l'époque, je reconnais qu'ils sont partis alors qu'ils étaient encore assez jeunes pour espérer beaucoup de la vie.

Ils sont morts à l'issue d'une courte et triste vie. Ce que je sais de leur enfance et de leurs jeunes années ne me permet pas de croire qu'ils aient jamais été heureux. Sur le plan affectif, amoureux, conjugal, parental, social ou économique, leur existence fut âpre. Leurs rêves leur échappèrent, leurs projets s'écroulèrent. La maladie et la mort survinrent tôt – ils n'avaient pas cent ans à eux deux –, quasiment comme le prolongement inévitable d'une accumulation de déceptions – dont je fais partie –, de ratages et de malchances.

Ce qui me trouble aujourd'hui, c'est de comparer les joies de mon existence actuelle, même avec mon cancer, avec la tristesse de leur propre fin de vie. En effet, ils n'ont pas connu ma fille et n'ont jamais pu imaginer ce que serait l'existence de mes petits-enfants. Leur vie de couple et notre vie de famille étaient sinistres, lourdes de misères cachées et de reproches constants. Je suis très émue quand je pense à l'enchantement qu'aurait été pour eux la découverte de l'univers familial qui est le mien aujourd'hui. Un monde animé, joyeux, mouvementé, riche d'une densité affective qu'ils n'auraient osé rêver ni pour eux-mêmes ni pour moi.

J'ai la chance d'être entourée. Eux moururent seuls, notre famille ayant éclaté sous le poids de leurs malheurs.

Je ne pus rien pour apaiser leur détresse. En revanche, quelques années après, je m'efforçai d'adoucir la vieillesse de ma grand-mère paternelle, celle qui veilla sur moi pendant mon enfance.

Née en 1894, décédée en 1994, elle vécut presque cent ans à elle toute seule. Or tout s'est effondré pour elle à la mort de son fiancé, en 1918. Le reste de sa très longue vie fut rempli d'amertume et de ressentiments.

Elle avait cinquante ans à ma naissance et nos existences furent dès lors toujours liées. Elle connut ma fille qu'elle m'aida à élever, la vit grandir, devenir une jeune fille, s'éloigner. Même si elle ne voulut pas en profiter, elle perçut les plaisirs et les facilités que la vie moderne aurait pu lui offrir. Elle resta une femme du XIXe siècle, témoin peu consentant de la folie et des prouesses du XXe [1].

Je ne sais si j'ai pu beaucoup alléger le fardeau de ses dernières années, de ses derniers mois, de ses derniers jours. Il m'était impossible de lui rendre l'amour que la vie lui avait volé et de tenir à leur place les promesses que les années n'avaient pas tenues. Mais j'aimerais penser qu'elle est morte plus heureuse qu'elle n'avait vécu.

À elle seule, ma grand-mère vécut plus longtemps que mes deux parents réunis. En fut-elle plus heureuse ? La mort est-elle plus facile à accueillir à cent ans qu'à cinquante ?

Nul ne sait si le nombre des années vécues rend la mort plus facile et si d'être raccourcie ou

1. Voir M. Vaillant, *Au bonheur des grands-mères*, *op. cit.*

prolongée rend la vie plus belle. Il est des vies courtes qu'on dit pleines, comme concentrées, et de longues vies qui peuvent sembler vides, étirées, comme prolongées... Quel que soit l'âge où elle survient, on peut penser que la mort interrompt la vie ou bien qu'elle l'achève.

La mienne n'interrompt rien. Elle met un point final à mon existence, elle l'achève. Même si je pense ne pas dépasser soixante-dix ans, je considère que les années que j'ai vécues ont plus de poids que celles dont je serai privée.

Malgré mon optimiste et ma volonté, je dois reconnaître que certaines opportunités ne nous sont offertes que tant que nous sommes encore vivants. Ainsi, vivre sa mort comme l'achèvement de son existence n'exclut pas de reconnaître qu'elle interrompt également bien des espérances de vie.

L'exemple le plus frappant pour moi est celui de ma grand-mère paternelle. Lorsqu'elle avait mon âge, elle ignorait que, dix ans plus tard, elle inaugurerait une toute nouvelle existence qui la mènerait à frôler son centième anniversaire. En effet, à quatre-vingts ans passés, elle quitta sa province et vint vivre chez moi, dans la région parisienne. Elle découvrit un confort et un mode de vie dont elle ignorait tout. Nous étions dans les années 1970, et si mes libertés de femme divorcée la choquèrent, elle eut le bonheur de partager le quotidien de son arrière-petite-fille, une fillette qu'elle adora et qui, comme tous les enfants, lui apporta autant de joies que de peines.

Je ne sais pas si au seuil de la mort, vingt ans plus tard, elle pensait encore à cette enfant ou si elle revivait plutôt les années de sa propre jeunesse, si elle savourait le souvenir des heureux moments que nous avions partagés ou si elle souffrait encore des engrenages douloureux du passé lointain qui l'avait tant déchirée.

Mes parents, eux, n'eurent pas ce genre de prolongations. Ma mère souffrait de m'avoir transmis un tragique héritage. Elle est morte alors que je me débattais dans la répétition absurde des injonctions généalogiques et n'eut pas le temps de savoir que je m'en étais sortie. Qu'après avoir traversé bien des orages, je parviendrais à être heureuse. J'aurais voulu qu'elle sache que, loin de me détruire, ses malheurs et sa souffrance ont fini par me donner la force et le désir de vivre ma propre vie.

En ce qui me concerne, je sais que je ne verrai pas mes petits-enfants devenir adultes ni adolescents. Même si une petite voix me souffle qu'en quittant assez tôt la vie de ceux qu'on aime, on part riche des promesses et des illusions que la réalité s'amuse souvent à laminer, je regrette de ne pas savoir ce qu'ils feront de leur vie.

C'est aussi ce que me rappelle la fugitive beauté de mes lilas. Elle incarne la fragilité et la vanité de toutes les promesses que nous fait le temps lorsqu'on oublie qu'il est toujours compté.

IV.

Se rendre la vie plus belle

Pour moi, c'est clair, sachant mon avenir raccourci, je veux contribuer à bien vivre mon présent tout en me préparant à bien vivre ma mort. Pour l'instant, je dois ralentir l'avancée de ce cancer envahissant tout en profitant de ma vie le plus possible.

Entre mon cancer et moi, c'est une espèce de course. Une course amicale, car je n'aime pas la compétition. Je n'ai aucune envie d'avoir l'humeur chagrine et de m'épuiser dans la rage de vaincre ou de gagner. J'ai plutôt l'impression que lui et moi formons une bonne équipe.

Comme tout cancer, il veut progresser, c'est dans sa nature de cancer. Et il progresse. Il voudrait pouvoir développer à sa guise ses petites cellules malignes et les envoyer occuper tous mes organes. Donc, il va de l'avant. Il s'étend. Les métastases, doucement, s'étendent. Doucement et inexorablement.

De mon côté, je résiste. Je ne veux pas le laisser faire. Je sais quel est son but et qu'un jour, il finira par l'atteindre. Car malgré les traitements, ce que dit le progrès des métastases, c'est qu'il poursuit sa colonisation sans faillir à sa tâche. Mon cancer est comme moi, assidu, courageux, obstiné. Il va de l'avant. Nous allons de l'avant.

Je l'ai bien compris, il n'est plus question de l'extraire de ma vie et de le bouter hors de mon corps. Ce temps-là est révolu. Il est toutefois encore possible de ralentir son avancée et de limiter ses ambitions hégémoniques. Je ne peux le faire disparaître, mais j'ai les moyens de ralentir sa prolifération. Ce que je fais.

Il y consent, je crois. Il a même l'élégance de m'éviter de trop grosses souffrances. Je lui en suis reconnaissante. Mon cancer et moi nous allons bien ensemble. Je ne le rejette pas, il ne me fait pas souffrir.

Cette philosophie peut sembler un peu délirante, mais elle me semble plutôt raisonnable.

Ma stratégie consiste à faire ce que me préconisent les médecins – je suis une patiente docile –, tout en me chargeant moi-même de mon bien-être, ou de ce qui s'en approche. Je veille à entretenir avec mon cancer et avec mes traitements une relation intelligente et pacifiée. Je sais que c'est bon pour mon moral et que le moral soigne autant que les traitements.

Je suis soutenue dans ce projet par l'équipe du service d'oncologie de l'hôpital qui m'accompagne avec autant de compétence que de tact et de patience[1]. Ainsi mon entourage – et surtout mon compagnon – n'est-il pas seul à porter mes états d'âme. J'ai un lieu pour me renseigner et pour me plaindre. Même si je n'en abuse pas, je sais pouvoir être écoutée, entendue et surtout informée. Car j'ai toujours besoin de savoir. Ainsi soutenue, je peux me charger de mes angoisses et de mon moral sans paniquer et sans gémir.

---

1. Je ne remercierai jamais assez les médecins oncologues du CHU de Lorient et surtout le Réseau Onc'orient, en particulier les infirmières, Pascale et Fabienne.

Je ne doute pas que mes pénibles chimios auront d'autant plus d'effets que je serai parvenue à tenir éloigné le découragement, que je faciliterai leur action en les accueillant de bon gré. J'en suis convaincue, la chimie de toutes ces molécules est travaillée – et renforcée ou amoindrie – par l'alchimie de mes émotions et de mes sentiments.

De la même manière, si je ne considère pas mon cancer comme un ennemi mortel dont il faut se méfier, mais comme un hôte indésirable avec qui il vaut mieux faire la paix, c'est que j'ai compris que l'agacement, la plainte ou la révolte ne me conviennent pas. Non seulement ils assombrissent encore plus les mauvais moments, mais ils peuvent même contrecarrer l'effet des traitements.

Comme je ne vois aucune raison de m'empoisonner le sang avec la chimio et, en plus, de m'empoisonner la vie avec la lassitude et le ressentiment, j'ai décidé de mettre le maximum de chance de mon côté. En luttant contre la colère, l'abattement et la déprime. En gardant le moral. En essayant de le faire. En m'y efforçant. Plusieurs fois par jour.

Le moral

Tout le monde le sait, le moral est notre plus précieux allié pour optimiser les effets des « mauvais traitements » et diminuer leur nocivité. C'est lui qui va permettre de lutter contre l'avancée inexorable du cancer en nous.

Mais voilà, le moral s'en va et s'en vient. Il n'est pas toujours au rendez-vous. Il ne vient pas par miracle. C'est même parfois – souvent ? – une démarche volontaire, un effort, voire un véritablement arrachement de nous-mêmes. Alors que tout nous tire vers le bas, vers la révolte ou le découragement selon les jours, trouver et garder le moral relève parfois d'un véritable exploit.

L'enjeu est de parvenir à garder la tête hors de l'eau alors que monte en soi le désir d'en finir, celui de se laisser glisser, d'accueillir la maladie voire la mort comme on invite le sommeil, pour que tout cesse, pour ne plus rien ressentir, pour tout oublier.

Il est des jours où la fatigue fait mal au point qu'on ne peut plus penser, où le désenchantement nous plombe, où nous avons les entrailles en charpie, le corps raide, la tête lourde, les yeux brûlants. Il est des jours où rien ne va.

Personne n'échappe à l'envie d'en finir. Au désir que tout s'arrête. Au sentiment de n'être plus rien qu'un corps misérable, déformé, douloureux, honteux.

C'est pourquoi il est parfois nécessaire de s'accrocher, de faire appel à toutes ses ressources pour réveiller son âme. Dénicher tout au fond de soi l'étincelle qui va ranimer le désir de vivre. Car la magie du moral, lorsqu'il se réchauffe, fait qu'on souffre moins. Que la nausée semble moins boueuse, les articulations moins rouillées, le souffle moins court.

Si on y parvient, revient alors comme une petite brise, un léger souffle vital renaît en nous. On s'en empare comme d'une goulée d'oxygène pour reprendre le dessus. Et pour vivre, au moins jusqu'à la prochaine épreuve.

Penser à être heureux

Comment faire ? Quels moyens se donner pour lutter contre l'envie de se laisser glisser dans la maladie ? Comment parvenir à ranimer en nous la flamme ou l'étincelle qui nous permet de vivre, de survivre ?

Je me souviens d'avoir noté dans mon agenda lors de mon premier cancer : penser à être heureuse.

Cela peut ressembler à une boutade, une injonction volontariste. Le bonheur est censé nous arriver, surgir des événements exceptionnels ou quotidiens de notre existence ou même appartenir à notre moi profond, comme une certaine aptitude, une donnée de notre nature. On croit volontiers que certains ont le bonheur facile.

Or ce que je sais depuis toujours, c'est que même si une petite musique intime peut nous habiter parfois à notre insu, il est des moments où il faut la réveiller, la tenir éveillée, la maintenir vive. Comme une flammèche, qui ne brûlera vraiment que si on lui souffle dessus pour la stimuler. Comme une esquisse, qui ne deviendra un dessin que si on s'applique à la travailler. Comme une sauce, qui ne donnera son meilleur fumet qu'avec un grain de poivre ou une moulée de coriandre.

Je reconnais que je suis plutôt du genre volontaire. J'aime décider, diriger, contrôler. Et je déteste me laisser faire, être dominée, être passive. On pourrait donc penser que cette vision personnelle d'un bonheur bricolé maison est loin de valoir pour le vrai bonheur universel.

J'en conviens. Mais à tant explorer les méandres de mon âme inquiète, j'ai fini par apprendre quelques petites choses qui peuvent être utiles à tout le monde lorsqu'il s'agit de cueillir au bon moment les fugaces bonheurs de l'existence.

L'une d'elles est que le bonheur s'apprivoise et qu'il s'entretient.

Ainsi avons-nous tous des moments neutres, où le fil de la vie se dévide sans nous violenter ni nous réjouir. On ne sait pas quoi faire de ces heures tièdes, incolores qui passent sans même qu'on les remarque. Or, si l'on peut les vivre comme des temps morts, on peut également les apprécier comme des temps riches.

Par exemple, je puis être allongée dans mon canapé ou occupée à laver des assiettes et prendre conscience que je n'ai mal nulle part. En une seconde, je décide de transformer en moment heureux cette courte pause dans la longue liste des bobos qui m'accompagnent partout. Aussitôt, je relève la tête, je me souris. Et puisque je ne suis pas mal, je décide d'être bien.

Je m'exerce, plusieurs fois par jour, à sonder mon humeur, à tester mon bien-être, pour décider de profiter de l'instant, s'il est vivable, même s'il n'est pas enchanteur.

Et ça marche. Pas toujours, certes, mais assez souvent, plusieurs fois par jour parfois.

Continuer le combat

Volontaire, je suis. Mais qui ne l'est pas ? Survivre demande de le vouloir. D'ailleurs, il n'est nul besoin d'être malade pour en faire l'expérience, le simple fait de vivre demande des efforts.

Traverser son enfance, devenir parent, aimer, perdre ceux qu'on aime… La vie n'épargne personne. Elle est faite d'épreuves, de combats. Comme toutes les autres, la mienne en fut riche. Je ne puis considérer que le cancer est la pire chose qui me soit arrivée. Mais je voudrais bien, en revanche, qu'elle soit la pire qui m'arrive maintenant. Hélas, je ne suis d'ailleurs pas certaine que cette maladie me protège des autres soucis et des peines qui pourront surgir dans le temps qu'il me reste à vivre.

Une maladie mortelle n'est pas un paratonnerre qui protège de toute foudre. Je l'ai espéré au tout début, lors de la découverte de mon cancer initial. Une vague de pensée magique et un moment de dépression m'ont fait accepter cette épreuve comme si c'était la dernière et comme si elle pouvait se négocier, servir à payer la paix, la douceur et la protection des miens.

J'ai reconnu là une bouffée d'omnipotence – c'est accorder bien de l'importance à sa vie que de croire pouvoir la négocier avec le destin –, ainsi que de dépression – céder à la tentation d'en finir, baisser les bras, ne plus lutter.

Aujourd'hui, je suis bien plus modeste. Je sais que mon cancer n'a pas le pouvoir de protéger ma famille. Ce n'est ni une punition ni une monnaie d'échange.

Il ne sert à rien. Il est là, c'est tout. Ne me reste qu'à le vivre au mieux, en tentant de le rendre le moins lourd possible à mon entourage.

Pour y parvenir, il faut pouvoir se détacher de l'énumération des gênes, douleurs et malaises et rechercher ce qui fait du bien. Se souvenir des belles et bonnes choses qui, hier encore, nous ont réjouies, qui tout à l'heure peut-être nous réjouiront.

Cela semble parfois impossible. En fait, à part pour quelques âmes heureuses et enchantées qui respiraient la quiétude et que rien n'assombrit, la plupart d'entre nous connaissent l'angoisse, l'anxiété, le découragement et peinent à sourire lorsque la fatigue plombe le moindre de leurs gestes.

C'est pour eux que j'écris, pour tous ceux, malades ou non, qui doivent se battre pour vivre et aimer la vie, qui ont besoin de trouver des raisons de vivre, qui sont confrontés à la nécessité d'enchanter leur vie pour pouvoir continuer.

L'écriture est ce qui m'aide. Ce qui me permet de me rendre la vie plus douce lorsqu'elle est dure, de la rendre plus riche en la partageant, de la rendre plus belle, même si elle doit être courte.

Inventer sa vie

Pour se rendre la vie plus belle, chacun se doit de trouver sa propre solution. Les témoignages que j'ai recueillis proviennent pour la plupart de femmes. Non que les hommes ne soient eux aussi contraints d'inventer la vie qui va avec leur cancer, mais les femmes sont toujours plus promptes à me confier leur histoire.

Je me souviendrai toujours des belles chanteuses. En entrant dans la salle de conférences, j'avais remarqué leur petit groupe qui riait tout en bavardant. Ensuite, assises au troisième rang, elles m'ont écoutée avec beaucoup d'attention. Une attention joyeuse et concentrée, de celle qu'adore tout conférencier.

Invitée à une tournée sur le cancer du sein dans la région, je faisais un exposé sur mon aventure personnelle pour promouvoir mon livre, inciter au dépistage et surtout parler du travail des réseaux locaux de soutien aux malades du cancer. Au moment des questions, alors que j'invitais le public autant à m'interroger qu'à témoigner, l'une d'elles s'est levée pour parler au nom de son petit groupe. Ensuite, un peu enhardies, elles se sont toutes exprimées.

Elles avaient décidé de chanter. De chanter en groupe, ensemble. Elles se réunissaient donc une fois par semaine, tantôt chez l'une, tantôt chez l'autre, et s'obligeaient à apprendre des textes et des mélodies qu'elles choisissaient ensemble. Lorsque l'une d'elles s'estimait trop lasse, les autres venaient chez elle. « On ne se lâche pas », déclaraient-elles.

Certaines n'avaient jamais chanté, d'autres n'avaient pas de voix ou manquaient de souffle, toutes étaient fatiguées. Elles riaient en expliquant à la salle amusée et admirative qu'il leur était parfois trop pénible de rester debout. « Alors, on chante assises, mais on chante ! »

Je ne me souviens pas comment elles s'étaient rencontrées – à l'hôpital, je crois, à l'occasion des chimios. Mais je me souviens de leurs rires, de leur bonne humeur. Les maris, présents, prirent la parole pour expliquer qu'ils devaient faire le taxi lorsque leur dame ne se sentait pas de conduire, ce qui était souvent le cas.

Elles avaient trouvé leur antidote personnel contre les chimios, la solitude et le découragement. Ensemble, elles se sentaient plus fortes. Leurs réunions ponctuaient leur semaine et entretenaient leur moral. Retrouver les autres les aidait à se retrouver elles-mêmes.

Les évoquer ici me permet de rendre hommage à toutes celles qui se battent pour se rendre la vie plus belle.

Une de mes amies a fait de la danse africaine. Elle estime que sans cette séance hebdomadaire de rythme et de bonne humeur, elle n'aurait pas gagné la lutte contre son cancer. Une autre a repris le piano. Malgré ses doigts raides et son dos vermoulu, elle estime que son entraînement quotidien lui sauve la vie.

Beaucoup tricotent, brodent, lisent ou peignent. Elles vont voir une voisine, s'organisent pour faire les courses ensemble, se retrouvent pour un café, dégustent sablés, quatre-quarts ou gâteau breton, parlent des enfants, des rendez-vous chez le médecin, des examens en cours... L'essentiel pour elles est de tout faire pour ne pas rester seules et pour ne pas trop sombrer dans le découragement et l'apitoiement sur elles-mêmes.

Grâce à la danse, la musique, la peinture, mais surtout aux arts de la vie, – la solidarité, l'amitié –, elles parviennent à créer, à donner, à être attentives aux autres et ainsi sortent de leur isolement et de l'abattement qui accompagne les intenses fatigues, les mauvais résultats, scanners, scintigraphies, biopsies, marqueurs…

Les belles dames

J'ai beaucoup rencontré de belles dames coquettes. Quels que soient leur âge et l'avancée de leur cancer, elles sont nombreuses à lutter contre la maladie avec les armes de la séduction et de la féminité – perruque, prothèse, maquillage léger. Elles demandent à leur miroir de les rassurer, passent du temps dans la salle de bains, tentent les bains parfumés, se passent de l'huile sur le corps et recherchent les vêtements qui les mettront en valeur malgré les ravages des chimios, des rayons ou des opérations.

Elles veulent sentir bon, se sentir bien, donner à tous l'impression qu'elles vont bien. Peut-être cherchent-elles également à apaiser les tourments d'un compagnon, d'une fille ou de petits-enfants que la maladie effraie et qui craignent de voir s'abîmer, se flétrir celle qu'ils aiment tendrement. Elles luttent pour elles, mais aussi pour les autres. Pour n'effrayer personne avec une mine triste, un teint vert, un crâne nu et avec l'odeur de mort que porte en elle toute maladie si on ne tente pas de la camoufler.

Mais le cancer ne fait pas naître la coquetterie. Je suppose que le combat qu'elles mènent contre les flétrissures de l'âge serait le même si elles n'étaient pas malades. Elles font partie de ces femmes qui estiment que l'image qu'elles renvoient d'elles-mêmes doit correspondre à certains critères et que s'y dérober leur ferait perdre leur identité.

Pour les unes, l'essentiel tient à leurs cheveux, pour d'autres, il s'agit de leur ligne et de leur silhouette, pour d'autres encore ce sera l'état de leur peau. On sait bien que certaines femmes ne sortent pas de chez elles sans le rouge à lèvres qui les habille autant que le faisait jadis un chapeau. Sans lui, elles se sentiraient nues.

D'ailleurs, l'action d'une bonne mine sur le moral, même due au blush, est évidente. On commence par avoir l'air d'aller mieux et l'on se sent réellement mieux. Certes, ce sont des améliorations passagères, mais qui ne sont pas du tout négligeables lorsque le combat pour vivre est quotidien et qu'il faut gagner les heures les unes après les autres.

Le savent bien les hôpitaux qui mettent en place des salons de coiffure et d'esthétique et offrent ainsi des pauses agréables à celles que la fatigue lamine. On se fait dorloter, on livre son visage et ses cheveux à des mains amies, on en ressort toujours ragaillardie.

Bien sûr, toutes les dames cancéreuses ne se pomponnent pas. Mais même les plus rustiques cherchent à se mettre en valeur. Ne serait-ce que pour recevoir leurs petits-enfants et s'entendre dire « Tu sens bon » au lieu de « Pourquoi tu sens le poisson, Nana ? ».

Même celles qui ne cherchent pas – ou plus – à séduire et que terrassent les malaises peuvent parfois avoir envie d'être plus fraîches et plus pimpantes. Pour elles ; parfois rien que pour elles. Pour leur reflet dans le miroir, pour la sensation du propre sur leur peau, pour la volupté ou la douceur d'un parfum.

Se donner les moyens de sortir de la torpeur, de la nausée, de la lourdeur, pour respirer le frais, le propre, c'est – quoi qu'il en coûte d'efforts pour y parvenir –, gagner quelques instants contre la mort. Peut-être pas celle, annoncée, qui se rapproche, mais assurément celle qui est déjà là et qui s'insinue en nous un peu plus chaque jour.

Et les généreuses

Pour ne pas sentir les griffes de la mort sur leur corps, pour ralentir son avancée au plus profond de leurs os et jusqu'au cœur de leur âme, pour échapper à la télé, au lit ou au canapé, pour respirer la vie, certaines dames de ma connaissance ne chantent ni ne dansent. Elles ne se pomponnent pas, passent peu de temps dans la salle de bains, délaissent les miroirs et les pots de crème. Elles préfèrent squatter leur cuisine et faire fonctionner leurs fourneaux.

Gourmandes ou pas, elles font de la pâtisserie, des confitures, des conserves. Elles font dans la distribution de douceurs. Leur joie, c'est d'offrir à leurs visiteurs des galettes faites maison, à leurs petits voisins des crêpes, à leurs enfants des tourtes et des tartes.

En donnant, elles se sentent riches, en faisant briller les yeux de ceux qu'elles régalent, elles se réjouissent et se régalent, même si la nausée envahit leur âme. Leur bonheur passe par le plaisir qu'elles font surgir et qu'elles partagent.

Comme créer, donner est une véritable force pour toutes celles qui luttent contre la maladie. Celles qui manient aisément l'aiguille et les aiguilles tricotent des pulls pour les petits, des écharpes et des bonnets pour tout le monde. D'autres brodent des motifs complexes aux couleurs chatoyantes ou créent de merveilleux cols de dentelles, des patchworks ou des coussins.

En premier lieu, toute cette activité occupe leurs doigts et vide leur esprit. Et libère leur créativité personnelle, la petite touche qui les caractérise. En brodant, comme en préparant la pâte à tarte ou en écossant les haricots, elles peuvent laisser de côté les douleurs et les gênes de la maladie. Elles se réfugient dans l'espace imaginaire qui est le leur et qu'elles partagent avec ceux à qui elles destinent leur production. C'est l'adresse, la destination du cadeau qui fait son prix et qui majore la capacité de tout don à éloigner les mauvaises ondes en provenance de l'angoisse et du ressentiment.

Donner, recevoir

À l'hôpital, à l'occasion des séances de chimio, j'ai rencontré une jolie mamie qui joue comme moi avec la fatigue et les plaisirs de son âge. Elle déplore de ne voir que trop rarement ses petits-enfants qui, vivant dans la région parisienne, ne peuvent venir chez elle que trois ou quatre fois par an.

Ils lui téléphonent assez souvent, mais ce qui maintient vraiment le lien n'est pas ce qu'elle attend d'eux mais ce qu'elle fait pour eux. Elle leur confectionne des biscuits secs qu'elle conserve dans une boîte en fer, des confitures et des conserves qu'elle range soigneusement dans un placard. Elle connaît leurs préférences et s'attache à les respecter. Ainsi se sent-elle en contact avec eux.

La fatigue que lui causent ces préparations la soulage, me dit-elle, de la lassitude infernale que provoque la chimio. Elle se sent vivante et utile. Elle sait qu'elle fait plaisir à ceux qui lui manquent.

Je suis bien certaine que de nombreuses femmes sont comme elles. Pour sortir du marasme dans lequel nous met parfois la chimio et de l'abattement que cause la fatigue, nous avons besoin de donner, d'échanger.

Donner, recevoir. Le mouvement intime du don nous relie aux autres, nous place dans le circuit des échanges affectifs et symboliques qui accordent à chacun une place sociale et maintiennent ainsi une existence qui continue d'avoir du sens.

C'est pourquoi dans les situations extrêmes de grand isolement, comptent tellement le coup de fil d'une infirmière, la visite du facteur, la venue du médecin, du kiné ou d'une aide ménagère ainsi que le petit coup de fil d'une voisine qui demande si elle peut passer.

Je ne sais comment vivent les malades en ville, dans les grandes cités urbaines par exemple, mais je sais qu'à la campagne les voisins occupent une fonction essentielle. Recevoir quelques poires, donner des échalotes, partager des courgettes, inviter à faire des boutures, échanger des recettes, des patrons, des graines, toutes ces petites transactions domestiques prennent une importance vitale. Elles donnent du sens à la vie, la rendant plus vivante et plus riche d'être partagée.

Se souvenir de chaque bonne chose

Quand il s'agit de se rendre la vie plus belle, il faut avoir de l'imagination et explorer sans cesse de nouvelles méthodes, de nouvelles stratégies. Car l'usure des jours est lancinante.

Ainsi, depuis que je suis malade, ai-je institué un petit rituel avant de m'endormir. À peine ai-je posé la tête sur l'oreiller – alors que je reprends encore mon souffle, et avant de me tourner dans tous les sens pour trouver le sommeil – que je me lance dans une véritable quête. Je recherche les meilleurs moments de la journée, pour me délecter du plaisir de les évoquer et les emporter dans ma nuit. En y repensant, je souris. Je me réjouis. Je me détends et souvent je m'endors.

Or il m'arrive de ne rien trouver. La journée a été marquée par ses cohortes de nausées, de fatigue, d'essoufflements. J'ai eu du mal à digérer, à me déplacer. Je ne trouve rien de vraiment agréable à collecter. Rien qui me permette de sourire, de me réjouir, de m'endormir consolée.

Alors, tout au long du jour, je m'efforce de

préparer ma moisson de bons souvenirs. Il me faut glaner ici et là les toutes petites choses qui disparaîtraient de ma conscience si je ne les collectais pas. Le câlin d'un chat paresseux, le repas risqué du rouge-gorge sur la table du jardin, *Amazing Grace* entendue à la radio, la sieste confortable dans le canapé, l'évocation d'une grappe de lilas, le pas de mon compagnon dans l'entrée, ses coups de fil... Toutes ces petites choses, apparemment anodines, sont suffisamment précieuses pour mériter d'être notées et rappelées au moment de sombrer dans le sommeil ou de l'attendre patiemment.

Si je veux les collecter et les évoquer avant la nuit et ses surprises – le sommeil n'est pas toujours au rendez-vous –, c'est que j'ai remarqué les bienfaits de la gratitude sur mon métabolisme et ma capacité respiratoire. Autrement dit, en évoquant ces bonnes choses et en m'en réjouissant, je parviens à mieux digérer, à mieux respirer et ainsi à mieux accueillir l'assoupissement.

En bonne clinicienne formée à la psychanalyse freudienne et plus largement ouverte sur Lacan, Melanie Klein et Winnicott, j'ai longtemps travaillé le don, le deuil, la créativité, la réparation. Ces travaux, centrés sur la délinquance juvénile et sur la violence des adolescents en difficulté[1], m'ont permis de soutenir l'importance vitale du don, de l'imagination et de la créativité[2], et d'élaborer ensuite la question du pardon[3] – surtout dans le domaine intrafamilial.

L'approche de Melanie Klein sur l'envie et la gratitude[4] montre combien notre rapport à l'angoisse est dépendant de nos capacités créatives et de notre aptitude à inventer – ou à envier – les bienfaits dont on craint de manquer. La gratitude et l'envie s'opposent et s'articulent comme s'opposent et s'articulent la pulsion de vie et la pulsion de mort, Éros et Thanatos.

---

1. Voir M. Vaillant, *De la dette au don, la réparation pénale à l'égard des mineurs*, ESF, 1994.
2. Voir M. Vaillant, *La Réparation, de la délinquance à la découverte de la responsabilité*, préface de Boris Cyrulnik, Gallimard, 1999.
3. Voir M. Vaillant, *Pardonner à ses parents*, La Martinière, 2001, et *Pardonner à ses enfants*, Albin Michel, 2012.
4. Voir M. Klein, *Envie et gratitude*, Gallimard, 1968.

Trouvant son origine et sa force dans les angoisses paranoïdes les plus archaïques, l'envie pousse à considérer tout ce qui fait défaut comme autant d'attaques, d'agressions personnelles. Celui qu'elle taraude sera toujours plus sensible à ce qui lui manque qu'à ce dont il dispose. Elle le persécutera en rendant son quotidien aride et le conduira à vouloir détruire ce qu'il ne peut obtenir. L'envie est une force de destruction psychique des plus invalidantes.

En revanche, celui qui peut avoir recours aux pulsions réparatrices se sentira moins agressé par le manque. Directement issue d'Éros et de nos capacités personnelles à transformer le monde en le créant, la gratitude lui ouvrira l'âme et lui permettra de s'enrichir de ce que la vie lui donne tout autant que de ce qu'elle lui refuse.

Le cycle positif – ou vertueux – de la réparation, de la création, du don et du deuil, autrement dit de la gratitude, s'enchaînant dans notre inconscient, peut faire barrage au cycle négatif des angoisses paranoïdes et de l'envie.

J'ai observé les ravages de l'envie et le bénéfice qu'apportait la gratitude à qui pouvait la ressentir. Ces deux mécanismes psychiques mettent en œuvre ce que nous avons de plus profond, de plus puissant, de plus archaïque. Les pulsions réparatrices qui mènent à la gratitude sont les seules capables de lutter contre les coups de boutoir de l'angoisse et sa capacité de persécution qui conduit à l'envie.

Les ombres de la nuit

Il arrive que le sommeil ne se laisse pas apprivoiser. De sombres pensées surviennent alors. Elles rompent toutes les digues qui tendent à nous en protéger. Elles affluent. Elles nous débordent. Surgissent bien des bouffées plaintives, de celles qui nous poussent à comparer notre présent réel à celui dont nous rêverions.

Pourquoi suis-je malade ? Pourquoi ces douleurs, cette nausée constante ? Pourquoi moi ? Pourquoi suis-je privée de ma jeunesse, de ma santé, de ma vitalité ? Pourquoi devrais-je abandonner tous mes projets ?

Ainsi peut se manifester l'envie. Pointant les injustices de la vie, elle fait de notre maladie un enfer, une torture. Elle déforme notre regard en venant se faufiler au cœur même de notre manière de penser. Elle la contamine, nous creusant jusqu'à l'os. La maladie nous touche injustement, elle nous agresse, nous persécute, fait de nous des victimes. Elle ne se contente pas de nous blesser le corps, elle nous détruit l'âme.

Les litanies de l'envie rendent impuissants et malheureux ceux qu'elles harcèlent. Elles attaquent toute défense psychique et toute tentative pour aller vers la sérénité. L'envie est capable de voiler les lumières de notre vie au point d'assombrir et d'anéantir tout ce qui pourrait nous réchauffer.

Elle pousse au refus de la maladie, comme à celui de la mort, noue les muscles et les nerfs et envenime la moindre douleur qu'elle transforme en supplice. L'envie tue tout ce qu'elle touche. Elle nous interdit de jouir de ce que nous avons au prétexte de nous rappeler ce qui nous manque.

En laissant monter en soi les plaintes et les ressentiments, en les laissant s'installer, chacun de nous peut sombrer dans l'horreur de nuits totalement hantées. L'ombre de tout ce qui aurait pu être, de ce qui ne sera pas, de ce qui n'est plus, peut faire sombrer dans l'affliction la plus totale.

Aucune lueur ne vient réchauffer celui qui se laisse happer par le malheur.

Même si je ne suis pas épargnée par ces bouffées douloureuses, je refuse d'être leur proie. C'est pourquoi je récapitule toutes les bonnes choses que la vie m'offre, pour tenter de tenir à distance les mauvaises. Certes, ce bien fragile et dérisoire barrage contre la peur et l'angoisse n'aurait aucune efficacité s'il n'avait chez moi de très profondes racines.

Ce qui me pousse à accepter la maladie et à imaginer un certain art de mourir en paix provient du plus loin de mon enfance. Si l'envie ne me menace pas, c'est que j'ai depuis longtemps édifié des défenses contre l'angoisse qui n'ont laissé aucune place à l'envie.

Les bienfaits de la gratitude

Si la dépression, y compris infantile[1], ne m'a pas été épargnée, le style personnel des névroses de ma famille m'a heureusement préservée du

1. Voir M. Vaillant, *Il m'a tuée*, La Martinière, 1999.

pire. J'étais l'enfant préférée de ma mère – une situation moins enviable qu'il n'y paraît –, aussi fus-je depuis toujours harcelée par l'angoisse, mais pas taraudée par l'envie.

En me donnant les clés de mon histoire, la psychanalyse m'a permis de détourner mon esprit des mille tourments qui avaient tendance à l'assaillir dès que je le laissais vagabonder. L'existence ne m'a pas fait que des cadeaux, mais plutôt que de m'en plaindre, j'ai vite appris à tout faire pour me rendre la vie plus belle.

C'est ainsi que j'appris à tenir ma mère et ses ombres à distance. J'inventai des histoires pour m'endormir, m'appliquai à rêver, à déambuler sur les trottoirs de la ville, dans les allées des cimetières, puis dans les bois, à épousseter les meubles, à tout tenter pour me vider la tête et parvenir à ce que la pensée vigile et anxieuse laisse place à la rêverie souterraine et à la résurgence d'associations plus créatives[1]. Comme beaucoup d'anxieux créatifs, je savais qu'il me fallait créer le monde avant de pouvoir l'habiter.

---

1. Voir M. Vaillant, *Mes petites machines à vivre*, *op. cit.*

Lorsque le cancer a limité mes balades solitaires puis m'en a privée, j'ai dû apprendre à vagabonder sans me déplacer. Ainsi ai-je dû intensifier le recours aux câlins de chats, les séances de somnolence devant le feu et, chaque fois que possible, la contemplation du ressac et des vagues de l'océan. Tant bien que mal, je maintiens vive ma capacité de rêverie et, pour combler le manque de déambulation créatrice, je m'efforce de glaner ce qui me fait plaisir tout au long de la journée.

Pour ne pas les laisser se dissoudre dans l'écume des jours, je repère et je conserve les étincelles minuscules que la vie sait encore m'offrir. Comme je fais confiance en mes forces vitales, en mes capacités créatives, je sais que ces pépites de satisfaction vont s'associer entre elles pour tisser la trame d'un simple plaisir de vivre. Et j'en éprouve de la gratitude.

Certes, il est plus facile pour le croyant, quelle que soit sa religion, de remercier les dieux que pour l'athée que je suis. Mais qu'importe que mon ciel soit vide, je remercie. Je remercie, sans avoir besoin de savoir à qui ce remerciement s'adresse. Ni même s'il existe réellement une adresse.

Le mouvement d'ouverture que procure le remerciement suffit à m'apaiser. Dans mes veines, je sens que la gratitude fait couler un sang plus joyeux et que ma lymphe se ragaillardit. Je m'apaise. Le sommeil vient plus facilement, même s'il peut se retirer plusieurs fois dans la nuit, je me sens mieux. Car je sais que j'ai alimenté ma capacité psychique à faire mon bonheur personnel – ou, du moins, mon bien-être.

V.

Maintenant et à l'heure de notre mort

Impossible d'évoquer tout ce qui rend ma vie agréable malgré ma santé qui décline sans faire une large place à mon compagnon. La pudeur me retient de dire tout ce que je lui dois ; en fait, aujourd'hui, tout mon équilibre repose sur lui. Sans sa disponibilité, les aménagements qu'il ne cesse d'infliger à sa vie personnelle, sans sa capacité à guetter mon moral et à s'adapter à mes baisses de forme, je ne pourrais vivre comme je le fais. Il a été touché en plein cœur par la découverte de mon cancer, a suivi pas à pas sa progression et a mûri au fil de son évolution.

Je peux dire que sa vie a été radicalement changée par cette épreuve qui nous a tous deux transformés mais qui a infléchi son quotidien de manière radicale.

Il y a six ans, j'étais valide, nous faisions des randonnées en moyenne montagne, rêvions de voyages et adorions nous offrir un bon restaurant. J'étais alerte et pimpante, j'avais toujours une idée, un projet, des désirs. Et cela lui convenait bien.

Aujourd'hui, il supporte ma quasi constante lassitude, mon teint brouillé et mes cheveux rares, sans parler de ma silhouette déformée. Il doit faire les courses, les lits et même porter ma bouteille d'oxygène lorsque nous nous aventurons dans les bois ou sur le sentier côtier… Autrement dit, il n'est pas souvent à la fête !

Heureusement pour lui, la semaine, avec son travail, il a bien d'autres préoccupations que mes nausées, ma fatigue ou mes petites douleurs itinérantes. Tous les matins, il s'en va affronter le monde réel et vivant et ses infinis problèmes.

Mais il ne me laisse jamais tout à fait seule. Il me téléphone plusieurs fois par jour, me laisse un petit mot sur l'oreiller. Ses attentions constantes font que je le sens près de moi pendant les longues journées où le jour ne parvient pas à se lever, où je passe mon temps à somnoler faute de pouvoir faire autre chose, où mon corps est trop lourd et ma tête trop vide même pour pouvoir m'installer à mon bureau et allumer mon ordinateur.

Je sais que de nombreuses femmes n'ont pas cette chance. Les maris et les compagnons se comportent souvent comme des enfants qui revendiquent d'être choyés par leur épouse malade comme ils l'étaient lorsqu'elle était en bonne santé. Certains réclament que les repas soient prêts à l'heure, que la maison soit rangée et leurs vêtements entretenus. D'autres dénigrent les cheveux rares ou le crâne nu, se plaignent du teint rubicond ou verdâtre de celle qui ne parvient plus à donner le change. D'autres encore se font des lumbagos, des rhumes et trouvent ainsi le moyen de se plaindre et d'obtenir des soins de celle qui aimerait tant un peu d'attention tendre. Sans compter ceux qui désertent le foyer, qui rentrent tard, qui fuient chaque week-end, prétextant réunions de travail ou obligations familiales, ou tout simplement plient bagages et s'en vont vers des cieux moins sombres.

Lors de mes conférences ou des dédicaces dans les librairies, tout autant que dans les salles d'attente des oncologues ou à l'occasion des chimios, j'ai rencontré bien des femmes blessées et recueilli des témoignages et des confidences qui font froid dans le dos. Tant de femmes sont seules à porter le poids de leur maladie, trop de femmes doivent porter également l'impact de cette maladie sur leur entourage et surtout sur leur mari ou leur compagnon que l'épreuve fragilise.

Il existe des hommes qui feraient préférer la solitude.

Si mon compagnon porte largement sa part du fardeau de ma maladie, je n'en dirais pas autant de mes petits-enfants qui constituent pourtant avec lui les absolus bonheurs de ma vie.

Ils m'apportent des trésors de tendresse et cette impression délicieuse d'assister au renouvellement de la vie, à sa pérennité. En les regardant jouer et rire, je me réjouis, je me nourris, je me régale, et je sais que je peux mourir. Ils sont pour moi moins une raison de vivre qu'une raison de bien mourir.

Ayant été l'unique raison de vivre de ma mère, je sais le poids que peut représenter l'amour parental. Ce n'est pas toujours facile de sentir qu'on doit alimenter le souffle vital de quelqu'un. C'est même épuisant. C'est probablement ce qui me fait refuser de voir dans la présence de mes petits-enfants le moteur de ma fin de vie. Je préfère les voir inaugurer la leur, observer la naissance de leurs talents, la création de leur art de vivre. Ils entament avec l'existence le dialogue qui enchante les jeunes années de ceux qui sont choyés.

Je les aime avec tendresse, avec douleur parfois. Leur vivacité recharge mes accus, leur présence me dynamise, me fatigue et m'apaise, mais leurs vies ne peuvent en aucun cas nourrir la mienne. Je m'y refuse absolument.

Inutile de le préciser, une telle démarche de renoncement n'est pas facile. Si je parviens à cette ascèse, qui demande lucidité, maturité et réflexion, c'est que j'ai autre chose pour alimenter mon énergie vitale. L'écriture.

C'est mon domaine. C'est là que j'ai trouvé mon art personnel, ma manière de vivre. L'écriture me permet de ne rien laisser s'évanouir dans l'écume des jours, la boue des nausées, la lassitude et l'oubli.

L'écriture

« C'est l'été, dans le cadre de la fenêtre, je vois resplendir les boules irisées d'un vieil hortensia bleu et rose, ainsi que la couronne étincelante d'un rosier grimpant à petites fleurs orange et jaune. Le soleil fait scintiller le jardin. Il faut dire qu'il a beaucoup plu ces temps-ci, l'air garde la brillance ensoleillée qui suit les jours de pluie. Aujourd'hui, je suis bien, j'écris. J'ai une lessive à étendre, je vais profiter de cette belle journée pour la faire sécher dehors. J'ai mis une bouteille de blanc au frais et vais préparer une salade que nous mangerons dans le jardin. Je sais que j'ai une belle vie. »

Depuis que j'ai écrit ces lignes, il y a quelques mois, le cancer en moi a gagné du terrain. De nouvelles métastases sont apparues. Je suis extrêmement fatiguée, j'ai du mal à me déplacer. Je lutte parfois pour garder le moral. Je ne me vois pas envisager un déjeuner sur l'herbe. La météo ne s'y prête pas. Pas plus celle qui assombrit le ciel que celle qui régit mon humeur.

Mais je suis heureuse d'avoir pu noter cette pause dans le cours inexorable de cette maladie.

Je garde ces phrases comme on chérit un bon souvenir. Certes, elles témoignent d'une aggravation de mon état de santé, mais elles ensoleillent les journées où la pluie et le vent sont en harmonie avec mon moral et qui vont vers l'hiver comme je vais vers la mort.

Observer les mouvements de mon âme, les analyser, décortiquer, détricoter, chercher les trames et les lisses des événements passés, éclairer les impasses obscures, tenter d'apporter quelques petites lumières aux absurdités de l'existence. C'est ainsi que je jouis de ma vie.

Écrire me rend ce que le temps me dérobe, me permet de revivre le passé, de relativiser l'avenir, de transformer mes souffrances quotidiennes en malheurs ordinaires. Et d'en témoigner. Surtout d'en témoigner, d'en déposer quelque chose. En écrivant, je me survis à moi-même. Je fais la nique à la mort qui m'attend. Elle ne m'aura pas toute. Elle n'aura pas tout de moi.

Les livres

Vous qui me lisez en hiver peut-être, ou en ville, pourquoi pas à l'hôpital, dans ces temps ou ces lieux où le moral et les jardins font cruellement défaut. À travers mes mots, vous partagez mes peines et vous voyez mes lilas. Ainsi, en ouvrant une fenêtre sur ma vie, je vous fais partager ce que j'éprouve, ce que je vois, ce que je pense. Écrire me met en lien avec moi-même, être publiée me relie aux autres.

Écrire me sauve du temps et m'ouvre l'espace. Même si je suis seule avec mon ordinateur, seule avec mes chats et mon chien dans une maison silencieuse, en écrivant, je m'ouvre aux autres. Et comme je sais être lue, écrire me sauve de l'oubli et de la mort.

Au fil du temps, livre après livre, l'écriture est devenue pour moi comme une longue conversation avec des lecteurs inconnus, mais attentifs et curieux. En écrivant sur ma vie, je me connecte à bien d'autres vies et je partage avec elles mes doutes, mes incertitudes et mes bonheurs.

La publication d'un livre sort son contenu de l'écoulement éphémère des heures, le fait circuler en dehors du huis clos de la pensée et de la souffrance. J'écris seule, mais je sais que lorsque je suis lue, je suis multiple, démultipliée avec tous ceux qui me lisent. Et qui me liront alors que je ne serai plus.

Ensemble, nous percevons la couleur nacrée de mes lilas, l'abondance et le poids de leurs grappes, nous ressentons l'envoûtant parfum à nul autre pareil.

Les partager me rend les inaccessibles lilas que chaque printemps me vole, le partager me rend le temps que la mort me vole.

Un beau jour pour mourir

Je n'ai pas peur que la mort vienne, je redoute seulement d'être trop mal en point pour la vivre pleinement. Il me plairait d'être lucide, de ne pas souffrir, de sentir la mort se rapprocher, l'accueillir, y consentir. Je voudrais savourer mes derniers instants. Les vivre.

Il est plus probable que je serai sous respirateur et sous morphine, et que je somnolerai sans percevoir le moment ultime. Comme tant d'autres, je mourrai sans m'en apercevoir. Sans souffrir, mais sans savoir que je meurs.

Je crois que le moment de ma mort

m'échappera. Je suis consciente d'avoir là un super-fantasme, de ceux qui peuvent accompagner les jours et les nuits de ceux qui sont encore bien vivants. Mon rêve serait d'entrer dans la mort en pleine conscience, ne pas rater le passage, vivre pleinement le moment crucial, celui qui n'appartient qu'à soi-même, qu'on ne vit qu'une fois. Je voudrais participer totalement à l'événement capital et unique qui scelle définitivement mon existence. Je voudrais que ma mort fasse partie de ma vie. De ma façon de vivre.

Je pense souvent au vieil Indien très beau et très sage que j'ai adoré dans le film *Little Big Man*. Pensant son heure venue, Peau de la Vieille Hutte monte sur la colline, fait les danses rituelles et s'étend, les yeux clos, attendant que la mort le prenne. Mais ce n'est pas son heure. Ni son jour. La mort n'est pas au rendez-vous. Il pleut, il lui faut retourner dans le village, retrouver la compagnie des hommes, retourner à la vie. Il revient le lendemain, mais la mort n'est pas là. Il lui faut vivre.

Mon désir de vivre ma mort m'a poussée à harceler mon oncologue pour qu'elle me donne au moins les statistiques qui me permettraient de caler mon espérance de vie dans la moyenne des autres malades atteints du même type de cancer. Maintenant que je suis fixée, je veux consacrer une partie du temps qui me reste à explorer ce que l'approche d'une mort annoncée peut nous apporter. Car si la mort est notre lot à tous, pourquoi ne pas profiter de ce que sa proximité peut nous enseigner ? Et pourquoi pas le transmettre ?

Parler de la mort aux vivants

La certitude existentielle – savoir qu'on va mourir –, réaffirmée par l'avancée du cancer et la connaissance des statistiques concernant sa propre espérance de vie, ouvre la voie qui mène à sa propre mort. Elle en dégage l'accès, offrant de belles perspectives de réflexion sur ce qui peut boucler le cycle d'une existence.

Penser à la mort n'est pas une occupation morose, cela ne la fait pas venir, ne porte pas malheur. Penser à sa mort est une occupation de vivants. Ce n'est ni malveillant, ni indécent, ni violent, tout juste un peu inhabituel, voire un tantinet transgressif, autrement dit cela me convient bien. Je ne me vois pas me priver de ce qui compte pour moi sous prétexte de ménager l'aveuglement des autres. Quant à mes proches, ils pensent comme moi. Puisque je ne me cache pas ma mort, je ne la leur épargne pas non plus.

Ce n'est pas un sujet de conversation quotidien, cela ne fait pas partie de toutes les grandes discussions familiales, on n'en fait pas toute une histoire. Mais ce n'est pas un sujet tabou. Je sais que je peux aborder la question, je ne suis pas obligée de faire semblant d'être immortelle face à des proches rongés par l'incertitude et l'angoisse de ma maladie. Ce jeu de dupes ne me conviendrait pas. Comme je veux me tenir informée de l'évolution de mon cancer, au moindre détail près, je tiens mes proches au courant de ce que j'apprends, du moins pour l'essentiel.

Ma fille veut connaître les résultats de mes principaux examens. Elle me ressemble assez pour vouloir ne jamais être prise au dépourvu. Même si je lui épargne la liste de mes bobos et de mes petits tracas quotidiens, mes doutes ou mes craintes, je ne lui dissimule rien de ce qui concerne l'évolution de ma maladie.

Mon compagnon tient même à me soutenir lors des consultations et des différents examens.

Depuis le début, sa présence, ses questions, son soutien et sa totale compréhension m'ont permis de vivre mon cancer sans devoir jamais faire semblant, sans jamais devoir me préoccuper de lui épargner ce qu'il m'était imposé de vivre. Je sais qu'il sera là jusqu'au bout, quoi qu'il lui en coûte, et qu'il me facilitera les choses.

Ma fille et lui ont l'élégance de ne pas faire passer leur chagrin avant mes peines. Ils ne laissent pas leurs émotions me troubler et ne se servent pas de leur attachement pour me retenir. Chacun d'eux respecte totalement mes choix de vie comme de mort. Chacun à sa place, ils me rendent les épreuves de la maladie le plus légères possible. Et je sais qu'ils s'efforceront d'en faire autant de ma fin.

Avec mes petits-enfants aussi, je parle de mon cancer et de ma mort. Ils sont prévenus qu'un jour, je partirai dans les étoiles rejoindre ceux que nous avons déjà perdus – leur grand-père, quelques parents, plusieurs chats. Ils savent que leur maman aura beaucoup de chagrin mais que je serai toujours dans leur cœur.

Ma mort à l'horizon. C'est un événement familial prévu, comme un lointain voyage, envisagé, reporté, confirmé, assuré, dont tout le monde est averti, pour lequel je suis bien préparée. Je pars seule, sans bagage. Si je ne sais pas encore très précisément la date de mon départ, ni ce que je découvrirai en arrivant, je connais la destination et je doute fort de revenir un jour…

J'ai vu mon notaire, mes assurances et ma banquière, mes papiers sont en règle et même si mes armoires ne sont pas très bien rangées – elles se dérangent toutes seules –, je fais en sorte de ne rien laisser en instance ou en vrac, rien qui risque d'embarrasser ou d'encombrer ceux qui me survivront.

Certes, je n'ai pas réglé l'ordonnancement de mes funérailles, préférant laisser cette tâche aux vivants, mais j'ai fait état de mes préférences. Je préférerais être incinérée et j'ai choisi les morceaux de musique que j'aimerais faire entendre à ceux qui m'accompagneront ce jour-là.

En fait, si ma mort m'intéresse au plus haut point, la cérémonie qui suivra m'importe bien peu. Je ne serai plus là. Ce n'est pas mon affaire, cela appartient à ceux qui restent.

Cette part de l'aventure m'est épargnée et je

ne m'en plains pas. La mort a ses bons côtés, elle met fin à bien des préoccupations et des tourments, non seulement les douleurs de la maladie mais surtout celles de la vie. Mourir nous promet d'arrêter de nous soucier, de prendre en charge, d'anticiper, d'assumer, de culpabiliser, d'attendre, d'espérer.

Mourir nous libère du souci de vivre. Reconnaissons que cette perspective est parfois assez réjouissante, en tout cas apaisante. Pour les cœurs fatigués et les âmes inquiètes qui ne craignent pas les flammes de l'enfer, le repos éternel promis dans la paix est bien rassurant. Une fois morts, nous nous retrouvons seuls. Rien à faire, rien à penser. Une perspective reposante.

Je reconnais toutefois que s'il m'était donné de pouvoir protéger les miens à partir de l'au-delà, j'adorerais être un fantôme bienveillant qui guiderait ou conseillerait, comme une lumière paisible et bien intentionnée. Un ange gardien en quelque sorte.

J'y reconnais là une bouffée de toute-puissance, la persistance de la volonté de vivre, de s'accorder quelques prolongations, la preuve de la ténacité du désir même à travers la représentation de sa finitude.

Ce sont des fantasmes assez communs. De ceux qui ont contribué à fonder les religions. Même une athée comme moi peut rêver d'une sorte de survie spirituelle, d'un temps, même court – Dieu me préserve de la vie éternelle ! – pour m'habituer au deuil de ma propre vie et surtout pour accepter de laisser sans ma protection ceux que j'aime. On le sait, l'épreuve de quitter la vie n'est rien à côté de l'arrachement de quitter ceux qu'on aime et qu'on voudrait pouvoir protéger.

Faire le deuil de sa vie

Je doute que l'on puisse réaliser pleinement le deuil de sa propre vie. Mais je vois bien qu'il est possible d'en inaugurer le processus alors qu'on est encore bien vivant. Accepter sa finitude, imaginer sa mort prochaine, penser à sa vie, anticiper de la perdre, consentir à lâcher tout ce à quoi l'on tient, c'est envisageable.

Cela peut même constituer une manière de vivre. Y compris de profiter de ce que la vie nous offre. En jouir tout en sachant qu'elle s'en va, qu'elle nous échappe, qu'elle ne nous appartient pas. En jouir comme l'usufruitier qui sait n'être propriétaire de rien, mais qui a tout loisir de profiter de ce dont il dispose.

Certes, tout cela reste imaginaire. Philosophique ou médicale, la mort échappe à notre désir de maîtrise tout comme à nos tentatives de compréhension. Notre propre mort, elle, garde la totalité de ses mystères. Nos capacités mentales aussi bien que psychiques se heurtent à la part d'inimaginable, d'impensable, d'irreprésentable qui lui est associée.

Elle est l'altérité même pour la pensée qui nous habite, elle est aux confins de notre imagination, la butée ultime de nos représentations. Je le sais bien, ma formation clinique et mon expérience analytique ne peuvent me leurrer sur ce point, ma mort m'appartient encore bien moins que ma vie. Je serai dépossédée de l'une comme de l'autre.

C'est pourquoi j'entends bien que ma mort fasse d'ores et déjà partie intégrante de mon existence. J'y tiens. Comme je ne saurais nier qu'elle est prévue, je refuse de faire comme s'il ne m'appartenait pas de l'imaginer, de tenter de me la représenter. Comme je ne pense pas qu'existe une vie après la mort, je veux m'occuper de ma mort pendant ma vie.

Cette manière de penser est loin d'être partagée par tout le monde. Nombreux sont ceux et celles qui ne veulent rien savoir de la mort – en particulier de la leur – et qui vivent dans l'illusion d'un éternel présent, si abrégé puisse-t-il être. Pourquoi pas ? Moi, j'ai opté depuis longtemps pour une position de survie qui implique la lucidité et la curiosité.

Si j'écris ce livre, c'est que je sais que je vais mourir. Si vous le lisez, c'est que vous partagez mon sentiment d'avoir à concilier la certitude de mourir et la nécessité de vivre. Nous savons que si la question de savoir comment mourir nous occupe l'esprit, celle de savoir comment vivre est bien plus urgente. Et que l'une et l'autre peuvent tout à fait cohabiter en nous, plusieurs fois par jour.

Consentir à l'inconnu

Aujourd'hui, je ne peux me laisser aller à la quiétude d'un corps vif et tonique, aux élans d'une âme gourmande, aux curiosités d'un esprit insatiable. Les années de jeunesse et de maturité s'en sont allées, me laissant le sentiment d'être riche de mille mondes et usée de mille peines.

La mort se profile à mon horizon et je consens à l'accueillir. Mon consentement est celui d'une personne malade, mais valide, qui se sait condamnée mais qui vaque à ses occupations, du pas ralenti des essoufflés, sans espoir de guérison, mais avec l'intention de profiter au maximum du temps qui lui reste, tout en se préparant à la fin.

Est-ce là un grand prodige ? Je ne le crois pas. Mais c'est un acte conscient, un effort de lucidité, une prise de position. Depuis longtemps, je sais que toute chose finit, depuis toujours je sais que la mort habite nos maisons, qu'elle joue avec la vie et que ni l'une ni l'autre ne nous font de cadeau. Consentir à la finitude, c'est prendre pleinement la mesure de la vie. Elle est d'autant plus riche qu'elle s'enfuit et qu'on parvient à en retenir quelques bribes heureuses, chaque fois que possible.

Je ne suis pas certaine d'avoir ce courage et cette lucidité jusqu'au bout, mais je l'espère. Je voudrais pouvoir goûter chacun des mois qui me séparent de ma mort, puis chacun des jours et enfin chacune des heures, minutes et secondes qui la précéderont.

Je me suis renseignée sur les services d'hospitalisation à domicile proches de chez moi. Mon médecin me garantit leur efficacité en matière de soins palliatifs. Les infirmières qui viennent me faire les prises de sang le confirment, je serai bien suivie. Tous les soins, hors éventuelle opération chirurgicale, peuvent être faits à domicile. L'équipe s'occupe du traitement de la douleur. Je suis sûre d'être bien soignée et bien accompagnée, jusqu'au bout. Jusqu'à la fin.

Ce qui m'intrigue, c'est justement cette fin. Je voudrais pouvoir me représenter mes tout derniers instants, m'y préparer. Mais ils m'échappent. Je ne peux les imaginer et je sais qu'en les vivant, je les perdrai. Même s'il m'est donné de les vivre intensément, je les perdrai. En mourant, j'emporterai avec moi toutes les sensations et les pensées qui seront miennes.

La passion de l'écriture qui me fait témoigner des souffrances et des malaises d'une malade tout au long de sa maladie me conduirait facilement à vouloir noter et transmettre les émotions et les sensations d'une mourante au moment de mourir. À l'exact moment de sa mort.

Je suis tellement curieuse de ces derniers instants. Comment les vivrai-je ? Serai-je consciente ? Lucide ? Angoissée ? Sereine ? Quelles seront mes ultimes pensées ? Que provoque en nous la rencontre du néant ? Que ressent le corps au moment de lâcher ? Qu'éprouve l'âme lorsqu'elle s'envole ? S'envole-t-elle ?...

De tout cela je ne saurai peut-être rien. Ce qui est certain, c'est que ma mémoire n'en saura rien. Malgré mon grand désir de transmettre, je ne pourrai témoigner de ma mort. Je ne résoudrai pas l'énigme humaine fondamentale, n'éclairerai pas le passage.

Même si je suis consciente au point de savoir ce que j'éprouve en mourant, il me faudra tout garder pour moi. Pour un moi qui n'existera plus et n'en saura rien. C'est paradoxal et frustrant.

Cela me remet à ma place de mortelle qui sait qu'elle va mourir mais qui ne saura jamais rien de sa mort. Car si quitter la vie n'est rien pour qui s'y prépare, mourir sans rien savoir de sa mort semble plus difficile à accepter. Un constat qui signale combien la pensée reste vive et gourmande de savoir, même chez celle qui sait qu'elle va mourir et qui y consent.

Ma mort m'échappera, il me faut donc me préoccuper de vivre. De vivre jusqu'à la fin si c'est possible, à défaut de pouvoir imaginer ce que sera cette fin.

Arzano, 13 décembre 2012

Note de l'éditeur

Psychologue clinicienne de formation analytique, longtemps spécialisée dans la violence, l'adolescence et la justice des mineurs, Maryse Vaillant a élargi ses regards vers des questions familiales ordinaires, le couple, les enfants, la vie avec les autres.

Maryse Vaillant s'est éteinte le 19 janvier 2013.

Table

Introduction 9

I. Le problème avec les lilas 13

II. Vivre avec un cancer 27

III. Le problème avec le temps 53

IV. Se rendre la vie plus belle 95

V. Maintenant et à l'heure de notre mort. . 127

DU MÊME AUTEUR

L'Adolescence au quotidien, Syros, 1997, La Découverte, 2001, Pocket, 2003.

La Réparation, Gallimard, 1999.

Pardonner à ses parents, La Martinière, 2001, Pocket, 2004.

Il m'a tuée, La Martinière, 2002, Pocket, 2005.

Comment aiment les femmes, Du désir et des hommes, Seuil, 2006, Points Seuil, 2008.

Une année singulière avec mon cancer du sein, Albin Michel, 2008.

Les Hommes, l'amour, la fidélité, Albin Michel, 2009.

Au bonheur des grands-mères, Érès, 2010.

Mes petites machines à vivre, Oser la tristesse, la solitude et l'ennui, JC Lattès, 2011.

Être mère, mission impossible ?, Albin Michel, 2011.

Sexy soit-elle !, Les liens qui libèrent, 2012.

Aimer à perdre la raison, Autopsie d'une passion, Les liens qui libèrent, 2013.

avec Sophie Carquain

Récits de divan, propos de fauteuil, Comment la psychanalyse peut changer la vie, Albin Michel, 2007.

Entre sœurs, Une question de féminité, Albin Michel, 2008.

La Répétition amoureuse, Sortir de l'échec, Albin Michel, 2010.

Pardonner à ses enfants, Albin Michel, 2012.

avec Christine Laouénan

Les Violences du quotidien, La Martinière Jeunesse, 2002.

Quand les violences vous touchent, La Martinière Jeunesse, 2004.

avec Judith Leroy

Vivre avec elle, Mère et fille racontent, La Martinière, 2002, Pocket, 2004.

Range ta chambre, Petit traité d'éducation familiale, Flammarion, 2004, J'ai lu, 2006.

Cuisine et dépendance affective, Flammarion, 2005, J'ai lu, 2006.

Ma famille, mes copains, mon école et moi, 160 réponses à vos petits et grands soucis, Pocket Jeunesse, 2010.

Composition IGS-CP
Impression CPI Bussière en avril 2013
à Saint-Amand-Montrond (Cher)
Éditions Albin Michel
22, rue Huyghens, 75014 Paris
www.albin-michel.fr

ISBN : 978-2-226-24846-6
N° d'édition : 20765/01. – N° d'impression : 2002096.
Dépôt légal : mai 2013.
Imprimé en France.